附：我的学生生涯

我与刑法七十年

高铭暄 口述　傅跃建 整理

北京大学出版社
PEKING UNIVERSITY PRESS

图书在版编目(CIP)数据

我与刑法七十年/高铭暄口述;傅跃建整理. —北京:北京大学出版社,2018.6
ISBN 978-7-301-29481-9

Ⅰ.①我… Ⅱ.①高… ②傅… Ⅲ.①刑法—研究—中国 Ⅳ.①D924.04

中国版本图书馆CIP数据核字(2018)第082167号

书　　名	我与刑法七十年
	WO YU XINGFA QISHI NIAN
著作责任者	高铭暄　口述　傅跃建　整理
责任编辑	陈　康
标准书号	ISBN 978-7-301-29481-9
出版发行	北京大学出版社
地　　址	北京市海淀区成府路205号　100871
网　　址	http://www.pup.cn
	http://www.yandayuanzhao.com
电子信箱	yandayuanzhao@163.com
新浪微博	@北京大学出版社　@北大出版社燕大元照法律图书
电　　话	邮购部 62752015　发行部 62750672　编辑部 62117788
印 刷 者	北京中科印刷有限公司
经 销 者	新华书店
	880毫米×1230毫米　32开本　9印张　158千字
	2018年6月第1版　2020年10月第3次印刷
定　　价	39.00元

未经许可,不得以任何方式复制或抄袭本书之部分或全部内容。
版权所有,侵权必究
举报电话:010-62752024　电子信箱:fd@pup.pku.edu.cn
图书如有印装质量问题,请与出版部联系,电话:010-62756370

序

自从 1947—1948 学年第一学期在浙江大学听了恩师李浩培先生讲授刑法总则之后，我就喜欢上刑法学这门学科。之后在北京大学、中国人民大学上学，对这门学科又进行了更加深入的学习研究，自认为已登堂入室，更加丰富了学识，大大提高了兴趣。特别是 1953 年从事刑法教学以后，本着"教育乃我之事业、科学乃我之生命"的信条，我将刑法学视为至爱，须臾也不分离，真正结下了不解之缘。

数十年来，除了"文革"期间有一段时间不得已改行外，其他时间我从事的都是与刑法有关的工作，诸如刑法教学、刑法科研、刑法立法、刑法咨询、刑法宣传、刑法对内对外交流等，几乎占用了我全部工作时间。当然，在从事这些工作的时候，本着"理论与实践相联系""历史与现实相结合"的精神，自然会联想一些问题，积累一些经验，同时也可能会遇到一些奇闻轶事，个别问题也可能产生一些分歧和学术争议。

如今，借此次系统采访的机会，我将自己在治学从业上的所见所闻、所思所想的一些事情，分门别类地倾谈一番。归结起来，这也正是本书的缘起。深切感谢傅跃建教授将我口述的内容整理成书面文字，并配置必要的图片，同时特别感谢北京大学出版社蒋浩先生对本书倾注了极大热情。我所谈的如有不妥之处，敬请读者不吝赐教。

高铭暄
2018 年元月

目录

一、全过程参与和见证新中国刑法立法 ………… 001

二、著书立说,弘扬刑法理念,传播刑法
　　知识 ……………………………………………… 047

三、传道授业培育英才,传授刑法学理论 ……… 079

四、潜心刑法理论研究,建立中国特色的
　　刑法理论体系 …………………………………… 109

五、开拓区际刑法和国际刑法研究领域 ………… 141

六、关注刑事司法制度改革 ……………………… 173

七、热心公益,建立基金造福后人 ………… 201

八、享誉中外众望所归,树立中国刑法
　　新形象 ……………………………… 209

附:我的学生生涯 ……………………………… 223

一、全过程参与和见证新中国刑法立法

傅跃建（以下简称"傅"）　作为唯一自始至终参与新中国刑法典制定的学者，您是何时参加我国刑法立法工作的？

高铭暄（以下简称"高"）　1951 年 8 月至 1953 年 8 月，我由北京大学保送到中国人民大学法律系刑法教研室就读研究生，当时同班的有吴家麟、叶孝信、连铜炯、寿康侯、王克衷、梁秀如、陈道同、董成美、庄家殷共 10 人。我们是中国人民大学的第二届研究生，第一届是 1950 年入学的，有马克昌、王作富、董鑫、周亨元等人。我们这些人被后人称为"新中国培养的第一代法学家"。1953 年的暑假过后，我就正式成为中国人民大学法律系刑法教研室的一名教师。我参加立法工作是 1954 年 10 月。当然，这要从当时的背景说起。1949 年新中国成立后，各个机构的运转进入常态化，随之而来的各种社会问题渐渐增多，法制上的不完善问题也日益凸显。早在 1950 年，当时的中央人民政府法制委员会就召集了陈瑾昆、蔡枢衡、李祖荫、李光灿等专家，先后起草了两个刑法文本：1950年7月的《中华人民共和国刑法大纲草案》和1954年9月的《中华人民共和国刑法指导原则（初稿）》。因为各种原因，这两个文本都未曾公开向社会征求意见，也没有正式进入立法程序。1954年9月，第一届全国人民代表大会第一次会议上，通过了第一部《中华人民共和国宪法》（以下简称《宪法》）和5个组织法。全国人大决定刑法起草工作正式由全国人大常委会办公厅法律室负责。彭真同志当选为第一届全国人大常委会副委员长兼秘书长，刑法起草和法律室的工作归他领导。

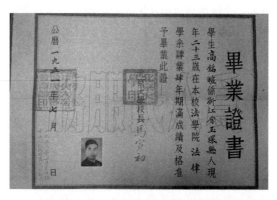

1951年7月，北京大学法律本科毕业证书

一眼就可以看出，一个国家，刑法是摆在重要地位的。9月份《宪法》刚通过，10月份就开始准备起草刑法。刑

法起草工作启动之初,法律室当务之急就是要择取适合参与刑法起草的人员。全国人大把中国刑法学界各个层面的人员,无声无息地筛选了一遍。

1954年10月,我接到通知,要求我暂时搁置中国人民大学的工作,去全国人大参加刑法立法工作,那年我26岁。我在中国人民大学的工作很快就被他人接手,我把办公室整理了一番,前往全国人大刑法起草小组报到。

刑法起草小组的办公地点设在全国人大常委会办公厅的法律室,在北京市西黄城根北街。参与起草刑法的小组中,彭真虽然是负责人,由于他另外担任着重要的职务,很少到场参与刑法草案的撰写,更多的是做一些把关和审核工作。具体实务工作是由法律室主任武新宇和副主任李琪负责,武新宇负责向大家分派任务,李琪负责向上级主要是向彭真汇报工作。武新宇后来还是中国法学会第一任会长。

刑法起草工作分成三个小组,霍幼方负责第一组,刘仁轩负责第二组,张松负责第三组。刘仁轩是全国人大常委会办公厅的工作人员,霍幼方和张松分别是从中共中央中南局和东北局调来的。其余的人员,都是像我这样从其他单位借调来的。被借调而来的人,大部分都是原单位的工作骨干,过了不久,出于各种各样的原因,陆续回到原来的岗位。因此,法律室不时有人员调动,有人回到原岗位后,就必须再从其他部门调人来充实力量。起草小组说是二十多人,但真正到位做事的,大概只有十多人。我虽然业务水平不差,毕竟资历不深,老老实实地把自己作为一个新人,安安心心地干工作。

当时,"五四宪法"刚通过,民法、刑事诉讼法和刑法一样也在同时起草。从某些角度来看,中央当时对刑法起草最为重视。然而,新中国成立以来,"旧法"人员从司法工作队伍及学术领域彻底消失,刑法起草小组可以说是毫无经验,也无处借鉴、请教,参与立法的同志,大部分是从革命队伍出来的,虽然不少人也曾经从事过司法工作,但真正刑法专业科班出身的当时只有我一人。

傅 您到全国人大后,如何开展立法工作的?

高 党中央一直强调,立法的依据必须建立在中国实际情况的基础之上。立法工作的第一步,就是收集资料和调查,让立法者深入了解中国社会的现状。最高人民法院从全国范围内收集了新中国成立以来1万多件刑事审判材料,分析总结而成了《罪名刑种和量刑幅度的总结》,其中对所有法院适用的罪名、刑种和量刑幅度加以统计,总结了90多个罪名,5个主刑和3个附加刑的刑罚种类,提供给立法小组作为基础资料参考。立法小组又从天津市人民法院调取了1953年至1954年两年间全部刑事案件总结材料,进行分析比较。此外,立法小组还分派具体任务,要求每个小组成员到相关部门和工业企业,对工业企业运行中出现的责任事故进行调查。

2006年,高铭暄先生和本书整理者傅跃建教授于浙江省永康市方岩(高先生父亲早年曾在此工作)

傅 还有其他资料可参考吗?

高 有。除了国内的资料外,外国刑法也在立法人员参考之列。当时的苏联被中国视为老大哥,1926年的《苏俄刑法典》理所当然地成为我国刑法立法的最重要的参照对象。其他社会主义国家,像保加利亚、阿尔巴尼亚等国的刑法典,大家也都一一研读。像美国、德国、法国、日本这些资本主义国家的刑法典,本着弃其糟粕、取其精华的原则,也加以借鉴。法律室也试图征集更多国家的刑法资料，但由于当时与新中国建交的国家不多，找国外资料很不方便。另一个可供借鉴的就是我国古代的立法。中国要制定法律，就不能抛开历史。中国古代各个朝代的律法文本，尤其是《唐律》和《清律》，在中国古代法制史上占有很重要的地位，这些都摆上了我们参与立法人员的案头。1928年和1935年的《中华民国刑法》，因为时代相距不远，世事人情相去也不远，不少具体的条文依然可适用于当下。虽有"旧法"之名沉甸甸地压着，但大家都心照不宣地谨慎地去借鉴。

经过一段时期的积累，法律室征求了各个起草小组成员的意见，认为起草的时机已经成熟，开始正式进入文稿起草阶段。总则部分由所有成员一起制定。那些日子里，立法起草小组的成员成天围着大桌子，一字一句地斟酌写条文。随后起草分则部分，依据前期拟定的章节和框架，分则的任务分解到各个小组。各个小组自行组织讨论和撰写，成稿之后再拿到全体会议上讨论。起草工作中，经常会遇到困难。某个小组负责撰写的某一个条文，怎么也写不好，就拿到全体会议上，大家翻来覆去地讨论，还得不出具体答案。最后，只好带着问题到现实中寻找答案，有针对性地进行实地调研。有一次，法律条文涉及交通事故，那时会开车的人不多，大家对车辆在路上可能遇到的具体情况无法很真切地把握，临时组织人员到交通部门进行调研。有了具体事例作为参考，制定的条文就显得更加客观、公正了。

经过一段时间的共事，武新宇发现，立法起草小组中大部分人，包括他本人在内，因为缺乏刑法的基础知识，给立法工作带来了很多麻烦。为了快速弥补这一缺陷，他让我为大家上课，讲一些刑法学的基础理论。开讲后，大家听课很认真，上课的效果很好。武新宇是北平师范大学毕业的，在北平民国大学教过书。李琪原来是马列主义研究院的教师。他们两个学习能力特别强，很快就系统性地掌握了刑法的基本理论。

在立法过程中，由于各自立场和学术水平不同，革命干部常把政治观点放在第一位，而专业人员则往往偏重于学术，立法过程中经常出现分歧。每次召开的全体会议，成员和成员之间，小组和小组之间，经常会出现不同意见，最终领导拍板才能解决问题。我在学历上有优势，但年龄小、资历浅，在那些走南闯北的老干部面前，我自知人微言轻，于是就低着头尽自己所能地埋头苦干，听得多、说得少。

傅 《中华人民共和国刑法（草案）》是何时完成的？

高 忙忙碌碌的几个月时间倏忽而过，1955年，我和参与立法的成员们如期完成了《中华人民共和国刑法（草案）》第一稿的初步拟成任务。紧接着是无数次的会议讨论，一轮又一轮的修改。程序就是：拿着前一稿进行讨论——修改——再拿修改稿讨论。每次会议都充满了思辨和诘问，会议之后都会出现新问题和新意见，修改之后又面临新的问题和挑战。在进入修改阶段的早期，几乎每个月就会换一个近乎面目全非的稿子。细微的改动次数，已无人能记得清楚了。在一次次的改动后，改动幅度慢慢变小了。较大尺度的修改就有22次。1957年6月，法律室拿出了《中华人民共和国刑法（草案）》第二十二稿。

傅 当时的《中华人民共和国刑法（草案）》起草中的一些主要争议内容您还记得吗？

高 当然记得，尤其是几个讨论和争议的重点。作为一部事关国家秩序和万千民生的基本法律，涉及范围之广泛，相互间的关系之细微，可想而知。新中国背负着沉厚悠远的历史文化，又创建了新体制，有许多前所未有的新情况。立法小组工作的艰难和责任的重大，是非常人所能想象的。

有关共同犯罪的罪犯分类问题，曾经是立法中极为棘手的问题。有人提议参考阿尔巴尼亚的分类方式，分为组织犯、实行犯、帮助犯、教唆犯，但又发现和中国传统习惯相去太远，老百姓可能不容易接受。经过反复斟酌，立法小组根据罪犯在犯罪中的作用,划分为主犯、从犯、胁从犯。在处理教唆犯的条款时,参照现实案件中出现过的"甲教唆乙,乙教唆丙"的间接教唆情况,就不能简单地划入主犯、从犯、胁从犯的范畴,于是又另写了"教唆犯"的一条。讨论中也有人认为,仅仅把罪犯分为主犯、从犯、胁从犯,而把教唆犯单独列出,分得不科学。按照中国传统,教唆犯的罪行是很严重的,《唐律》甚至规定"造意为首",就是把教唆犯视为犯罪的首要因素。在讨论这一点时,我提出,中国传统对老百姓影响很大,是否可以按照实行犯、教唆犯、帮助犯等来划分。领导说,从各种案例来看,教唆犯如果是"说者无心、听者有意",受到重判就有失公允;如果是恶意挑唆,那就必须予以严惩。具体情况很复杂,法律重在适用,"主犯、从犯、胁从犯以及教唆犯"的划分更实用。我的意见并没有被采纳。

关于通奸,历史上多半作为道德问题来处理,一般不予入罪。也有入罪的做法,像民国法律就有"通奸罪"这一条,还有相应的惩罚机制。立法小组针对这个问题多方征集意见,不少人主张要定罪。武新宇听后,直接就截下话头,他说:那得多少人入罪?法院只好天天忙着判这种案件,别的都别干了。婚姻是要保护的,像重婚就要入罪。该归入道德范畴的,还是应回归道德。后来,有人了解到在民法中是不承认事实婚姻的,而刑法承认事实婚姻,是否会因此混淆了老百姓的视听？大家又说，刑法和民法对照起来看，很容易就明白：民法这么规定是为了保护合法婚姻，刑法这么规定是为了打击非法婚姻。

还有，《秦律》《汉律》都有诬告反坐原则，《唐律疏议》卷二三："诸诬告人者，各反坐"，按照诬告的罪名来入罪。立法小组讨论时提出，这样定罪，在实施上很可能出现诸多问题。譬如说，女性诬告男性强奸，反坐的话就会成了女性强奸男性，这在逻辑上行不通。而且诬告以反坐来入罪，和真实的犯罪又有区别，诬告造成的后果，未必会有真实犯罪产生的社会危害，就此定罪就会不公平、太粗暴。这个问题立法小组曾经反复讨论，写入法律条款时，还留下各种意见反复辩论的痕迹。《中华人民共和国刑法（草案）》第二十二稿中，诬告陷害罪被列入"妨害管理秩序罪"一章，条文这样写道："意图使他人受刑事处分而诬告他人的，处五年以下有期徒刑；造成严重后果的，按照他所诬告的罪处罚。但是误告的，不适用本条的规定。"

傅 《中华人民共和国刑法（草案）》是何时送审的？

高 《中华人民共和国刑法（草案）》第二十二稿完工后，立即送到中共中央法律委员会、中央书记处审查。据说，毛泽东同志也看过这一稿，表示还算满意。在相关领导层面走了一遭之后,稿子又进行个别修改,最后提交到全国人大法案委员会审议,并在第一届全国人民代表大会第四次会议上发给全体代表征求意见。会议对《中华人民共和国刑法(草案)》是很肯定的,最后作出决议:授权人大常委会,根据人大代表和其他方面回馈的意见,对《中华人民共和国刑法(草案)》第二十二稿作最后修改,然后作为刑法草案公布试行。立法小组的成员听说这个消息后,都很受鼓舞。我激动极了,新中国一直盼着一部真正的刑法出台,这时候该有了!对我个人而言,近三年的努力,这一刻终于有收获了。

傅 送审的结果呢?

高 正当《中华人民共和国刑法(草案)》第二十二稿的征集意见工作全面展开时,1957年2月,毛泽东同志在扩大的最高国务会议上发表《关于正确处理人民内部矛盾的问题》的讲话。同年4月,中共中央下发《关于整风运动的指示》。6月,中共中央发出《关于组织力量准备反击右派分子进攻的指示》的党内指示,《人民日报》同日发表题为《这是为什么?》的社论。7月,毛泽东同志在南京计划召集华东各省的省委第一书记开会,研究分析形势,部署"反右派"斗争。至此,"反右派"斗争全面开展。中国的学术界顿时陷入一片混乱中,法律学术界也未能例外。

参与起草宪法的法学大家钱端升,当年接纳我进入北京大学法律系的系主任费青,都先后被打成了右派。司法部、最高人民法院、最高人民检察院的许多老同志也被划为右派,其中有些人就参加过刑法起草工作,有的是参与过民法、刑事诉讼法起草的成员。这么多"右派"参与立法,那么,所制定的法律中,是不是也有"右派"思想的痕迹?是不是有很多"旧法"观点?有人就把刑法草案中的"犯罪构成"拎出来说事儿,认为这是直接从《中华民国刑法》移植而来的。一时间人心惶惶。几乎所有的立法工作都迅速中止了,原定的刑法草案公布的决定,就像从来没发生过似的,从此再也没人提起。我和立法小组的其他人员觉得遗憾极了,但也不敢多说。

法律就治理国家而言,是一种刚性需求,并非是谁能遏制的。在当时,整个中国只有《中华人民共和国惩治反革命条例》《中华人民共和国惩治贪污条例》《妨害国家货币治罪暂行条例》等几个单行刑法条例。法院只能依据这几个条例判案。几个条例之外的案件,只好在判决书上直接填写,罪名和量刑没有任何可以援引的法律依据。《中华人民共和国刑法(草案)》第二十二稿即将作为草案试行的消息传开后,引起各级司法机关的热切关注,在具体的司法活动中,司法实务部门的检察人员和审判人员,还是不约而同地以第二十二稿作为刑事案件起诉裁判的参考依据，这种情况，一直延续到后来出现了新的刑法草案以及刑法的正式颁布。

傅 立法工作中止了，您又去哪儿了？

高 "反右"斗争方兴未艾，紧跟而来的是"大跃进"，全民学习"鼓足干劲、力争上游、多快好省地建设社会主义"的总路线。在社会主义建设总路线、大跃进和人民公社这"三面红旗"的号召下，"大炼钢铁"等运动轰轰烈烈地展开了，一些机构的运转状态变得不那么正常了。

这时，最高人民法院组织了一个调查团，到南方一带调研司法工作，提交相关报告。时任最高人民法院副院长马锡五，是著名"马锡五审判方式"的创始人，这种立足民生、重视民情的方式，是决策层和司法界高度重视的。最高人民法院的这次活动，也是意在要求司法人员要到基层学习，走群众路线。调查团分成若干个小组，分赴各地基层。我看立法工作已经无事可干，就想着出去见见世面，多看看也好。我被组织派往福建省厦门市和浙江省东阳县一带调研，带队的是马锡五的夫人李春霖。当时也有前往浙江温州的小组，我很想回到家乡看看，可惜那个小组的名额已满了。在当时的学界，这是一次规格很高的活动，我是个初出茅庐的毛头小伙子，仅仅在学历上有些优势，能够入选参加已经是很了不得的事，并不敢多奢求什么。

这次活动持续了半年多，我跟着调研组，先是到了福建省厦门市同安县蹲点，按照原计划，还准备到面对金门的前沿一带调研，正赶上1958年8月前后"炮击金门"事件，于是调头到浙江省东阳县南马公社蹲点调研。之后有一年半时间，我还去了江苏省第三监狱（在苏州）、湖南省新生机电厂和城陵矶采石厂（都是监狱）蹲点调研。

在这之前，我所学的全部是来自书本上的知识，尽管读书期间也参加过实习活动，也无非阅读过司法机关的卷宗之类的，从未直面具体的司法工作。这次调研，我经过了前期立法工作的锻炼，对刑法学有了自己的思考，面对具体案例时，尤其是基层案件的具体情况，深深撼动了我的理解角度，学会了如何让理论联系实际，也多了一份对民情的关怀和体贴。此后，我一直把毛泽东同志的"没有调查就没有发言权"奉为座右铭，遇有机会就尽可能地进行一些调查研究。

傅 调查研究结束后，您的去向？

高 历时两年的基层调研工作结束后，我又重新回到中国人民大学从事教学工作。1957年年初，苏联专家开始撤离回国。我回到中国人民大学时，苏联专家已经走得一个不剩。在老牌大学，没了苏联专家还有原来的老教授撑着学术高度。在中国人民大学，大多是像我这样刚出道的新教师。学术研究和课程都需要薪火相传，我遇到学术难点，却不知该向谁请教。无师可从对一个好学成性的人来说，是多么遗憾的事！

政治环境继续恶化，对知识分子的批判越来越深入。事态演化很快证明了我下意识认识到的——完全没必要羡慕那些老牌大学的老教师。原先一个个盛名卓著、须发斑白的老教授被年轻的学生揪上台，又打又骂，低头认错。我也因为曾经有感而发的一句话："年轻教师向老教授学习，进步会更快。别的学校都有老教授，我们人大没有……"因此被点名批评，认为我有"牛鬼蛇神"倾向。我记得最严重的一次挨整，是在刑法教研室党支部会上。有人认为，我的学术观点存在严重右倾。譬如，言及"犯罪构成"时，我认为依据法律就可以解决，有人说我忽略了党的政策的重要性。在党的领导下，知识分子必须"又红又专"，有人说我是"只专不红"，走的是"白专"道路。我自认为对党忠诚，但说过法治和政治不是一个意思。因此被批判时，我尽管不是心悦诚服，但又不敢顶撞或者辩白，担心招来更多的麻烦，只好低头承认：自己是把关注点都放在业务上，对政治的重要性认识不足。大概是我认错的态度比较"端正"，博得了大伙儿的同情，法律系总支宣布可以免予处分。后来有熟知内幕的人告诉我，当时我一度已经被考虑划入"右派"上报。但组织上最终认为，一些历史性的事件，比如在刑法立法中出现"犯罪构成"条文，不应该由我个人负责。"文革"期间，我也被有的学生贴大字报批判，称为"漏网右派分子"。或许是我人缘比较好的原因，还没有人对我采取过激的"修整"。

1956年5月，我评上讲师。那个年代有职称的人很少，讲师很受国家重视。中央召开带有保密性质的报告会，是按干部的级别来设定参与者。讲师级别可以参照处级干部待遇。讲师级别的物质待遇，除了应得的工资和奖金，在三年困难时期，政府另外还给予每个月白糖1斤、黄豆3斤的补助。

傅 全国人大是何时再次启动立法工作的？

高 1961年，中央从各地反映的情况，觉察到"大跃进"带来的负面作用和法律缺位有一定的关系，许多问题亟须法律规范，所以又提出启动立法事宜。在这一思想的指导下，同年10月，我和原来立法小组的一些人，再度回到全国人大常委会参与刑法立法工作。

全国人大常委会先是主持召开了几个关于起草刑法草案的座谈会，传达中央领导人的意见。再者就是提出以阶级斗争为纲。指出原来的《中华人民共和国刑法（草案）》第二十二稿已经不符合国家形势发展的要求，必须进行修改，尤其要增加阶级斗争方面的内容，但凡和阶级斗争相

一、全过程参与和见证新中国刑法立法

关的罪行,都必须从严制定相应的惩罚。

1962年3月22日,毛泽东同志直接对立法工作作出指示:"不仅刑法需要,民法也需要,现在是无法无天。没有法律不行,刑法、民法一定要搞。不仅要制定法律,还要编案例。"同年5月,刑法草案修订工作全面启动,我再次放下中国人民大学的工作,正式回到全国人大常委会办公厅法律室上班。

那个年代的立法具体工作,只能跟着上级的意见行事。党中央发个文件,立法小组就赶紧组织学习,刑法草案的修改意见要重新布置。上级的审查频率也非常高,对草案中每一个改动都很谨慎。中央政法小组还几次召开专门的审查会议,对立法小组提出具体意见。1963年年初,立法小组认为必须针对上级的新要求,再一次进行收集资料、总结经验。我们采取一种最实在的"笨办法",派人搜罗了新中国成立以来所有中央国家机关和各大行政区公布的法律、法令、指示和批复,从头到尾认真阅读筛选,只要有涉及刑法相关内容的字句,就全都摘录下来,汇编成书,发给每个成员,供大家参考。这个时期,所谓的刑法草案修改,几乎就是将以前的全盘推倒重来。

经过一年多的反复修改,1963年10月9日,立法小组拿出了《中华人民共和国刑法(草案)》第三十三稿。令人惋惜的是,这时法律虚无主义思潮甚嚣尘上。第三十三稿送达中央政治局，经过严密审查后予以认可，但就此一直没有后文。有人按捺不住，向决策层问起关于第三十三稿的意见，只得到模模糊糊的一句："等以后有机会再说吧。"就这样，立法工作又一次在无声无息中中止了。之后不久，我和其他立法小组成员又重新回到了原工作单位。

傅 以后的日子里，您主要干些什么？

高 可以说干的活又杂又多。"四清"运动开展后，各大高校师生组成工作队伍去基层参加"四清运动"。我和中国人民大学的不少同事，一起被派往陕西省长安县的五楼公社。1965年3月，"四清运动"进入尾声，我完成任务回到北京。"文化大革命"紧随而至。1966年5月16日，中共中央政治局扩大会议通过了康生、陈伯达起草、毛泽东修改的《中国共产党中央委员会通知》（即著名的"五一六通知"）。同日，中国人民大学正式宣布"文革"开始。学校进入混乱无序的状态。

1969年下半年，中国人民大学的教职人员，除了被关押的，都要下放到基层去参加劳动。我和法律系大部分师生先是去参加东方红炼油厂的建设。不到一个月的时间，组织上正式下达了下放劳动的命令，我和大部分中国人民大学的教职工被安排到江西上饶余江县的一所"五七学校"劳动。

1970年10月，北京市革命委员会通知中国人民大学停止办学，虽然教职工基本不在学校岗位，仍然要全部重新分配工作。

1971年1月，北京方面来消息说，需要一批知识分子回京工作，过了不久，我就接到通知，到北京医学院工作。回到北京后，我发现大部分知识分子都被下放劳动，许多机构濒临无法维持的状态，所以组织上就想起这些下放的人。单位要进人，要先向组织部门提出要求，至于要到什么人，那又是组织分派的。北京大学要了一批人，首都师范大学也要了一批人。北京医学院提出需要增加90多人，中国人民大学下放劳动的教职人员因此被找回来。北京医学院后来成为北京大学医学部。北京医学院对重新接纳的知识分子很器重，特别派人去火车站接我们。这时中国人民大学已经停办，我的人事关系和工资待遇随着人的到来，直接被调到北京医学院，成为这里的正式工作人员。

我先被分配到医学院院部机关的教务组，负责医护班教学的管理事宜。后来调到"运动办公室"负责宣传，也就是做一些关乎政治运动的宣传工作。1976年，北京医学院拟成立医学史教研室，任命程之范先生（医学史教师）和我为副主任，负责筹备事宜。程先生和我商量，约请生理学教师阮芳赋和药学教师宋之琪共襄其事，得到他们的同意，于是医学史教研室很快就成立了。我当时的心情是：

搞点科研。既然无法做医学研究,何不去试试医学史研究?于是我高高兴兴地来到新岗位,熟悉了日常业务后,开始寻找一些值得突破的方向。我的经历决定了身上带着学术烙印,自然而然地把目光投向法医学的历史。我在收集资料时了解到,宋慈的《洗冤集录》是世界上第一部法医学著作,就拿来反反复复地研读。遇到读不懂的地方,就四处找人请教。医学史教研室的研究工作极具专业性,工作机制非常严谨,工作人员的专业水平也很高,有的是业界出名的专家。读这本书时,我三天两头跑药学研究部门,找药学专家请教中国古代医药知识。在他们的支持下,我与宋之琪老师合作写了一篇结合法学和医药学知识的文章"世界第一部法医学专著",发表在科技刊物上,获得了好评。对一位医学门外汉来说,这篇文章付出的心血和获得的赞誉并不相应。但对我来说,却是来到北京医学院之后第一件真正值得开怀的事。不管怎么说,这也算是一个研究成果,小有所成。而我算是拥有了属于自己的业务,再不是"哪里需要去哪里"的"打杂型"工作人员了。在大家的鼓励下,我又着手收集历史医学名人的资料,接连在医学专业杂志上发表了"王安石医药思想""王叔和及其《脉经》"等文章。著名的国际友人、印度医生柯棣华在援华抗日中,为中国人民作出了伟大的贡献,石家庄市政府特地为柯棣华建了一座纪念馆。我参观归来后,被柯棣华的精神所感动，又写下了"柯棣华在中国"一文。柯棣华研究文献并不多，这篇文章成为当时学界研究柯棣华的重要资料。

来到医学史教研室工作后，我在工作中大量地接触到医学科研材料，发现医学研究者惯于采取文献综述的方式。首先，确立一个研究主题；然后，尽可能全面地收集资料；最后，综合前人的意见后，作出自己的评价和见解。要完成这样一个研究过程，至少必须做好收集、阅读、分析以及写作四项工作，涵括了一般研究工作的重要手段。其实，文献综述的方式，在当时欧美的许多领域都已经普遍使用，但对解放初期的中国学术界来说，却是一件新鲜事。我对这种方式非常认同，在同事们的指导下，我把文献综述的方式了解得清清楚楚，很好地补上了难得的一课，这也给我此后的刑法研究和研究生教学打下了方法论基础。

1978年4月，全国的教育系统在逐步恢复中，中国人民大学是中国共产党亲手创办的，不少老干部提出"复校"的意见。党中央很快就表示同意，成仿吾、郭影秋受命筹备中国人民大学的复校事宜。同年7月7日，中共中央正式批准了国务院关于恢复中国人民大学的文件。文件下达之日，停办了8年之久的中国人民大学又打开了校门。

学校要开办，老师是必不可少的。成仿吾、郭影秋等领导想起了中国人民大学曾经的教授、讲师们。我也自然在他们关注的人员之中。中国人民大学校方的意见，原来被调离的教职人员，原则上全部重回原岗位。北京医学院的管理层表示，去留任由当事人决定，愿意留下来的保留原岗位，愿意离开的绝不强留。个别负责行政和后勤工作的工作人员，由于已经习惯了当下的环境，再回到中国人民大学无非一样，于是就留下了。原来的教职人员则绝大多数愿意回中国人民大学，有少数愿意调任中共中央党校任教。1978年10月，我收拾好北京医学院的办公室，把钥匙交给管理人员，离开了北京医学院。从1971年1月至这时，我在北京医学院度过了近八年的时间。

傅 回到中国人民大学后，您最想干的第一件事是什么？

高 我回到中国人民大学后的第一件事就是直奔法律系保密资料室，查找当年参加立法时做的笔记和其他资料。早在少年求学时代，我受陈铎民老师的教诲，养成了课堂做笔记的良好习惯。参加工作后，我也善于做笔记，参加所有事关学术的场合都会带着笔记本，认认真真地做好笔记。如果是重要会议，或者有人作了重要发言，或者对我触动较深的，还会在第一时间对笔记进行整理，加上备注和心得。至今我还保持着这个习惯。当年我加入立法小组后发现，立法人员结构不合理，学者身份的人很少，政治干部占了大多数，人员更迭频繁，从刑法草案开始撰写以来，一直到第三十三稿完稿，全程参与其中的，只有我与人大常委会法律室的高西江两人。高西江是行政干部。从某个角度来说，只有我才能从专业学者的角度，全程审视《中华人民共和国刑法》的立法过程。我始终记得李浩培老师当年恳请保留浙江大学法学院所讲的那番话：任何一个国家和政府，都需要法律。在这样的立法环境下，我也深感担负着历史性的责任，必须详细记录刑法立法中每次会议的情况，厘清每个条文、每个字句改动的前因后果，保留中国刑法发展的历史印记。尤其是政治动荡的年代，其法治进程的脉络变化尤为复杂，这些带着历史印记的记录将会给后人带来更多的借鉴。每次会议结束，我利用业余时间，认真地把会议记录整理好，记满了好几个本子。立法过程需要大量参考资料，人大常委会法律室曾经向社会各界进行资料征集，发放给参与立法的人员。自1954年10月刑法立法工作开始以来，到"文化大革命"前为止，产生了众所周知的大修改稿33篇，还有无数改动较小的稿子，这些是立法小组集体智慧的结晶。这一切，我都认真保存，按先后顺序装订成册，所有材料叠起来的高度大概有一米多。立法工作中断后，知识分子下放劳动政策出台，中国人民大学关门停办，学校发出通知，要求教职员工腾空自己的办公场所及宿舍。我只能把这些材料交到中国人民大学法律系的保密资料室保存，这里一向管理严格，而且存放的都是重要资料。保密资料室的同志对我们这些被下放的同事很理解，没费多少口舌，就同意了我的要求。我仔仔细细地把材料打包，亲自送去。临行时又再三叮嘱，这些材料事关立法，特别重要，千万不能丢失！至于那几本笔记本，我原来计划和材料一起放的，最后又拿出来决定带在身边。因为这里面的字字句句都是大家的血汗积累，我不舍得放手。

知识分子被下放劳动后，报纸上又对"知识私有"的"白专"思想进行严厉批判。按照这个批判的精神，我必须把所有公家发放的资料都返回给组织，包括放在中国人民大学法律系保密资料室的那些材料，让"知识"与广大群众共享。然而，这么专业的材料，广大群众该如何共享？如交出这些材料能物尽其用吗？四周惨遭践踏的知识和文明，用明明白白的事实告诉我：这些材料如果贸然出现，结果难以预料，还可能给我个人带来意外。但转念又想，党和政府让我去参加立法，这是执行党的意志，当下只是代为保管，不能算是私有。我当然愿意与大伙共享，借助这些材料提供的信息，与大伙共享。遥想当年，自己还庆幸私自保存的材料。如今这些资料终于可以拿出来，交由历史来评判昔日这一举措的是与非。可是当我来到中国人民大学法律系保密资料室，从里到外翻了个遍，怎么也找不到自己亲手打包的材料。我找到管理人员追问。在我的再三提示下,他好不容易恍恍惚惚地记起有这么一回事。他说,当年军宣队进校园后,全面接管学校的工作,保密资料室成了他们重点检查的部门。军宣队的人查验到这堆材料,问了问来源和存放者,随便翻了翻就说,这是没用的垃圾,直接拿去烧掉。当天,这些材料连同其他"垃圾"集中在一处,一把火烧成了灰烬。听到这一消息,我心都凉了半截,怔怔地发呆。管理人员觉得很歉疚,可谁也没办法。后来显露的事实更加深了我的痛心。其他参与立法的人员,或是原来就没有好好保存材料,或是在"文革"中遗失。从 1954 年 10 月到 1963 年 10 月的这十年,中华人民共和国早期的刑法立法的很多重要资料,就这样彻底湮灭了,成为学者和学界的一个不能弥补的空白。现在想起这件事,仍然叹息遗憾不已。如果这些资料还保存着,1981 年我编著的《中华人民共和国刑法的孕育和诞生》一书出版时,就不是 19 万字,而是二十几万字,甚至更多了!

傅 您回到中国人民大学后,又去参加立法工作了吗?

高 1978 年 2 月到 3 月,全国第五届人民代表大会第一次会议召开。这时,法律虚无主义的思想已经被历史淘汰,这次会议通过、颁布了第三部《宪法》。其中,虽然还一如既往地反复出现"阶级""革命"之类的词语,但一些新观点、新理念，引起全国上下的强烈震撼和兴奋。譬如，富民强国成为新的国家发展目标等。时任全国人大常委会委员长叶剑英在《关于修改宪法的报告》中指出，"我们还要依据新宪法，修改和制定各种法律、法令和各方面的工作条例、规章制度……"学界的氛围忽然一下子变得热烈起来了，一时间人们的学习、工作也变得积极了，仿佛在等待着、准备着什么。我也觉得心头涌动着一种难以言表的兴奋。

1978 年 5 月 11 日，《光明日报》刊发了"实践是检验真理的唯一标准"的评论员文章，冲破了两个"凡是"的樊篱。禁锢已久的思想土壤之下，希望的种子早已萌芽，赶着一场温润的春风化雨，破土而出。原来不敢想、不敢做的事，似乎一夜之间全都冒出来了。各地、各个领域都在搞各种试点，新闻每天都在播报新事物。

原先那些被边缘化和下放劳动的专家和学者，又频频出现在公众视野中。深深根植于中华民族骨髓的传统文化，经过狠狠打击和损毁，又悄悄在人们之间流传。在我一直关注的法学领域，也出现一些令人鼓舞的事。1978 年 6 月，中央把著名法学家陶希晋从广西调到中央政法小组任职。10 月，中央批准由政法小组召开法制建设座谈会，确定由陶希晋负责组织全国人大常委会办公厅、最高人民法院、最高人民检察院、公安部以及各个法律院校的专家学者，对原有的《中华人民共和国刑法（草案）》第三十三稿进行修订。心理上早有准备的我，作为长期参与刑法起草的成员，顺理成章地接到参加修订刑法工作的通知。

会议是在中央政法小组办公室召开的。这间办公室原是前任中央政法小组组长谢富治的办公室，当时谢富治已去世。谢富治在"文革"期间担任过公安部长，炮制了著名的"公安六条"（即《关于无产阶级文化大革命中加强公安工作的若干规定》），纵容"红卫兵"打砸行为，造成了大量的冤案。时任中央政法小组组长纪登奎主持这次会议。纪登奎曾经深受毛泽东同志器重，在"文革"期间还担任过"河南省委文化革命小组"的副组长，1975年出任国务院副总理。"四人帮"被粉碎后，纪登奎首先提出"应该在中央文件中指出'文革'的错误所在"。

陶希晋是这一轮刑法草案修订的实际负责人。在他的组织下，中国政治法律学会的郭纶也加入刑法修订工作，他后来参与中国法学会的筹备，成为中国法学会的第一任秘书长。除了我，原来参与刑法草案制定的高西江、刘仁轩等人也都来了。此外，还从最高人民法院、最高人民检察院、公安部、北京大学、北京政法学院等单位调人，组成了一共四十多人的刑法草案修订组。

傅 刑法草案修订组成立后开展了哪些工作？

高 经过前期大量的准备，1978年10月底，陶希晋召集修订组全体人员到北京军区招待所集中开会。会议提出，将在《中华人民共和国刑法（草案）》第三十三稿的基础上进行修改，制定《中华人民共和国刑法》。大家各自按照分派的任务，对社会形势的变化和随之出现的情况进行分析研究，重新仔细阅读古今中外的刑法资料。经过反复讨论和研究，在不到两个月的时间内，刑法草案修订组就拿出了《中华人民共和国刑法（草案）》讨论稿。稿子送到中央和北京市有关部门进行调查征询，收回一大摞的意见，然后再据此形成了《中华人民共和国刑法草案（修订一稿）》。陶希晋认为必须进一步征求意见，修订组的成员又分编成三人一组，形成10个小组，赶在春节前后，分赴14个省市，遍邀基层司法干部进行座谈讨论。带着从基层收集而来的意见，再次进行有针对性的修改。我和李光灿、刘春和三人组成一个小组，去了安徽芜湖和江西九江，完成此项工作。

就在这期间的1978年12月，具有里程碑意义的中国共产党十一届三中全会召开。会后，在全国开展了思想路线拨乱反正，政治路线拨乱反正，组织路线拨乱反正！"以阶级斗争为纲"的口号不再使用，全党的工作重点转移到社会主义现代化建设上来。会上还对发扬社会主义民主、加强社会主义法制作了明确指示。陶希晋立即组织刑法修订组全体成员学习十一届三中全会公报和华国锋、邓小平等领导人的讲话,"很多法律还没有制定出来。往往把领导人说的话当做'法',不赞成领导人说的话就叫做'违法',领导人的话改变了,'法'也就跟着改变"。这些原本大家连想都不敢想的话,从国家主要领导人口中说出来。我渐渐意识到,这一刻,新中国开始迈向法制之路。

在十一届三中全会思想的指导下,修订组成员对新修订的《中华人民共和国刑法草案(修订一稿)》进行逐条讨论和修改,形成了《中华人民共和国刑法草案(修订二稿)》。陶希晋把《中华人民共和国刑法草案(修订二稿)》呈送中央政法领导小组,请求开会审议。1979年2月,彭真再度被起用,担任全国人大常委会法制委员会主任,重新接手了立法的相关工作。中央政法领导小组副组长黄火青拿到《中华人民共和国刑法草案(修订二稿)》,首先呈报给彭真,再由他来决定是否向上提交。

又经过一个月的忐忑等待,1979年3月9日,全国人大常委会法制委员会召开了第一次立法会议。彭真主持会议,此时武新宇也重新回到法制委员会,参加了这次会议。陶希晋作为法制委员会副主任和《中华人民共和国刑法草案(修订二稿)》的负责人,被彭真邀到会议室的前排就座。

与会的人员带着各自的材料前来,有的拿着中央政法小组送去的《中华人民共和国刑法草案（修订二稿）》，有的捧着第三十三稿反复斟酌。会议开始首先引起分歧的就是，到底讨论哪一个稿子？大家各执一词，最后还是彭真发话，他认为第三十三稿经过中央政治局审查过，已经有了基础，而《中华人民共和国刑法草案（修订二稿）》还没有经过正式开会讨论，因此，只能对第三十三稿进行审议。新近出台的《中华人民共和国刑法草案（修订二稿）》，有很多第三十三稿未涵盖的内容，尤其是关于"文革"以来出现的新情况以及近十多年来的司法工作的新经验。这些都必须作为第三十三稿的重要参考。不可否认，这次会议从某个角度来说，是对《中华人民共和国刑法草案（修订二稿）》的不肯定，但这个稿子对《中华人民共和国刑法》的出台，有着无法抹杀的贡献。从资料回溯去看，《中华人民共和国刑法草案（修订二稿）》与原第三十三稿相比，新增条文61条，新增章节主要有"侵犯公民民主权利罪""诬告陷害罪"和"贪污罪"等三章。这些都被很好地吸收到1979年《中华人民共和国刑法》之中。与《中华人民共和国刑法（草案）》第三十三稿相比，这次修改带来的变化，大部分内容是让人可喜。如《中华人民共和国刑法》第2条规定："中华人民共和国刑法的任务，是用刑罚同一切反革命和其他刑事犯罪行为作斗争，以保卫无产阶级专政制度，保护社会主义的全民所有的财产和劳动群众集体所有的财产,保护公民私人所有的合法财产,保护公民的人身权利、民主权利和其他权利……"第三十三稿第 2 条中的"保护国家所有的和集体所有的公共财产",修改成"保护社会主义的全民所有的财产和劳动群众集体所有的财产",更加合乎宪法精神,人民的地位也得到了提升。和第三十三稿相比,这里的刑罚对"反革命"一类的内容变少了。因为决策层也真切地意识到,新中国成立以来,大部分的社会矛盾属于人民内部矛盾。在百废待兴的社会主义建设新时期,严刑峻法显然并不符合社会发展趋势。然而,反革命的罪行仍然是不可容忍的。在《中华人民共和国刑法》第 62 条规定:"刑罚执行完毕或者赦免以后的反革命分子,在任何时候再犯反革命罪的,都以累犯论处。"这与第三十三稿第 67 条完全一致。经济建设诚然重要,国家性质仍然不可改变,对反革命分子必须保持高压态势。

像以前几次的立法工作一样,草案进行修改后再向各界征求意见,根据意见再行修改。由于政治环境发生了巨大的变化,与政治紧密相关的法律也随之进行了大尺度的修改。或许是参与修改的成员心中充满了希望,修订工作异常认真,无论是大修改还是小变更,都是逐字逐句地反复斟酌,力求尽善尽美。

在对追诉犯罪时效问题进行修改时,有人提出,如果说过了追诉时效，是否对原先的犯罪行为就当什么都没发生？要是很严重的犯罪，而且后果一直延续到时效之外呢？大家认为这个问题提得好，就在原来的条款上又加了一句：如果20年以后认为必须追诉的，可以由最高人民法院核准进行追诉。我提出，追诉问题不该由法院管的，应该由检察院来核准。这个意见被接受了，从1979年2月的《中华人民共和国刑法草案（修订二稿）》开始，就有这一句："如果二十年以后认为必须追溯的，须报请最高人民检察院核准"这个规定，一直沿用到当下的刑法条款中。还有关于"抗诉"的提法，源于苏联的"抗议"，但在中国，由检察院对法院提出抗议，显得很不妥。我提议换成"抗诉"。这个说法被采纳后，也一直沿用至今。

值得一提的是，《中华人民共和国刑法草案（修订二稿）》在分则部分，非常有前瞻性地提出了商品质量和环境资源等问题，制定的条款也十分严谨细致。这是因为参与修订的成员，有来自工业部门的同志，他们长期在产品质量、安全生产工作的一线，对此深有体会。但那时由于中国几乎不谈什么商品经济，参加审议的一些老干部们异口同声地要求删除这些内容。他们说仿制产品都犯法，那还让人家怎么开展生产？这得多少人去坐牢？打击面太大，不合适！

更值得一提的是，在修改稿中，彭真用铅笔在第1条中亲手添加了"中华人民共和国刑法，以马克思列宁主义毛泽东思想为指针，以宪法为依据……"的词句。国际立法惯例，除了宪法，其他法律中一般不出现关乎政治层面的内容，最多也就是写"根据《宪法》精神制定"云云。在这之后，中国的立法也没有再出现理论、宪法、政策、实践"四大依据"。彭真还在具体条文中，增加了"严禁刑讯逼供""严禁聚众'打砸抢'""严禁用任何方法、手段诬告陷害干部、群众""严禁非法拘禁他人"等词句。按照法学精神，刑法典里针对某几个罪使用"严禁"一类的词，显然有些不协调，但这一刻，在座的人们不由自主地回想起"文革"的所作所为，知道领导的用意在于重点警示，全都闭口不说了，因为历史留给我们的教训太深刻了！

这一轮的修订工作中，大的修改有5次，也就是产生了5个稿子。其中第四稿在中央政治局相关会议上，得到了原则性通过，并对其中部分细节提出修改的要求，形成了第五稿。中央政治局拿到第五稿进行审阅后，同意提交全国人大常委会法制委员会全体会议和五届全国人大常委会第八次会议进行审议。两个会议对第五稿审议后，根据审议中提出的相关意见作进一步修改，随即提交五届全国人大二次会议审议，审议中又作了个别修改。久经辗转的《中华人民共和国刑法（草案）》，终于有资格提交到1979

年7月1日召开的第五届全国人民代表大会第二次会议上进行表决。

开会当天,我和大部分参与刑法起草(或制定)工作的人员,在人民大会堂待命守候。因为在刑法草案提交会场审议的过程中,不排除有代表现场提出问题,所以参与立法的人员必须在会场待命,准备需要时就各自分工负责的问题作出相关的合理的解释。

会议开始不久,就进入审议法律的议程。首先通过的是《关于修正〈中华人民共和国宪法〉若干规定的决议》,随即,与会代表开始审议《中华人民共和国地方各级人民代表大会和地方各级人民政府组织法》《中华人民共和国全国人民代表大会和地方各级人民代表大会选举法》《中华人民共和国人民法院组织法》《中华人民共和国人民检察院组织法》《中华人民共和国刑法》《中华人民共和国刑事诉讼法》《中华人民共和国中外合资经营企业法》7个重要法律。

我从人民大会堂的三楼往下看,看着会场在表决《中华人民共和国刑法草案》,代表一致鼓掌通过时,我下意识地看了看手表,那是1979年7月1日下午4点05分。定稿后的《中华人民共和国刑法》,共有条文192条;其中,总则89条、分则103条。

1979年7月6日,全国人民代表大会常务委员会委员

一、全过程参与和见证新中国刑法立法

长令第五号公布,《中华人民共和国刑法》自1980年1月1日起施行。这个泱泱大国自此拥有属于自己的刑事法典,刑事诉讼活动,终于有法可依了。过去办案靠什么呢,法律很少,是不健全的,因此对犯罪案件的裁判,是无法全按法律规定的,绝大多数根据政策精神来判。内部当然有些文件可以参考,但不能在裁判文书中直接引用。但是1979年《中华人民共和国刑法》通过,1980年1月1日起生效,之后就不同了。从此结束了办理案子单凭政策而不引用法律条文的历史。

《中华人民共和国刑法》顺利颁布实施后,立法小组自然撤销,参与立法的人员各回原单位。我回到中国人民大学继续教书。从1954年参加立法开始,到1979年,我从青春年少的26岁小伙子,变成了两鬓零星添白的半百中年,期间差两个月不到25年。我和伙伴们把整部刑法从头到尾数了字数,除以立法全程的时间,得出的效率是:一天才写几个字。回顾整个过程,真是一波三折、颇多磨难。在全世界的法制史上,很少有如此漫长、曲折的起草历程。我掐指计算人生:人生一世,百岁如是高寿,这里耗去的25年,已然去了1/4。作为唯一一位自始至终参与我国刑法典创制的学者,我已记不清自己到底和大家一起度过了多少个不眠之夜,提了多少意见和建议,搜集整理了多少资料,对每一个条文进行过多少次的草拟、修改和完善。

《中华人民共和国刑法》的颁布实施，让我感到自己立志法学的人生价值得到了体现，也让我和大家看到了刑法学事业的希望和未来。

傅 除1979年《中华人民共和国刑法》的制定外，全国人大常委会还出台许多单行刑法，作为对刑法的补充，您是否参加了这些单行刑法的制定？

高 《中华人民共和国刑法》出台后，刑事法律的地位确立了。由于社会形势发生了变化，加上1979年《中华人民共和国刑法》本身的一些缺陷，这就需要全国人大常委会出台相关的单行刑法，对刑法的内容作重要的修改、补充和完善。自1981年至1995年，全国人大常委会先后通过了25部单行刑法。在这些单行刑法的创制过程中，我大部分都参加了。因为全国人大常委会有一个类似于现在的专家人才库，遇有新法律制定或原法律的修改，他们就会在这些人中找，我全程参加了1979年《中华人民共和国刑法》的立法工作，自然在专家库之中了。

自1988年至1997年《中华人民共和国刑法》出台，历时9年的对刑法修改研拟过程中，我作为参与刑法修改研拟工作的主要专家之一，除撰写文章探讨刑法修改完善的问题以外，多次参加了刑法修改研究会、座谈会及立法起草、咨询等事宜，尽我所能地提出了一系列涉及刑法修改完善的问题和建议,许多建议受到国家立法机关的高度重视。1997年《中华人民共和国刑法》修订通过后,我又作为我国刑事立法工作的专家,接受中央电视台等多家主流媒体的采访。与大伙一道,尽到了一位法学研究者为国家的法治事业献计献策的一份责任。

傅 1997年《中华人民共和国刑法》被刑法学者称之为1979年《中华人民共和国刑法》的升级版,在这"升级"的过程中,您做了哪些工作?

高 1997年修订《中华人民共和国刑法》,是一个大工程,是中国刑法史上的里程碑。它是国家法律体系的重要组成部分,是我们党实行依法治国基本方略不可缺少、不可替代的一个重器,是一部惩治犯罪、保护人民、保障人权、保障改革开放和中国特色社会主义制度和建设的法典,它已经成为公检法机关办理刑事案件的最权威的实体法准绳,也受到社会各界的高度关注,更是刑事法学界的研究对象和立论根据。不容否认,它还受到国际刑法学界和外国一些刑法学家的重视和评论。

刑法的全面修改,是在1988年7月第七届全国人大常委会第二次会议后正式提上国家立法机关的议事日程的。至1997年3月第八届全国人大第五次会议通过新刑法历时9年。在这9年的修改研拟过程中,作为全国人大常委会法工委经常邀请的专家，我除了撰文探讨相关问题外，还多次参加相关会议，参与立法起草、咨询，提出了一系列有关刑法修改完善、涉及宏观微观多方面问题的建议，受到国家立法机关的高度重视。1993年12月，全国人大常委会法工委委托中国人民大学法学院刑法教研室修改刑法总则，由我负责成立了修改小组。我们从1993年12月到1994年9月间进行了较为集中的研讨和修改工作，先后提出了1份《刑法总则大纲》和4份《刑法总则修改稿》。这些给国家立法机关修改刑法典总则提供了建议和参考，后来全国人大常委会法工委在此基础上于1996年8月起草出《刑法总则修改稿》。自1996年3月新《中华人民共和国刑事诉讼法》通过后，国家立法机关将主要精力迅速转入刑法的全面修改工作。1996年8月12日至16日，全国人大常委会法工委在北京专门邀请我、王作富、马克昌、曹子丹、单长宗、储槐植6位刑法教授就刑法修改问题进行座谈研讨。

此次修订先后搞了12个稿本，其中的几件大事，值得回味。其中影响最大的是，"反革命罪的废止"。早在革命时期的1934年，中央苏区政府就公布施行了《中华苏维埃共和国惩治反革命条例》，其中规定："凡一切图谋推翻或破坏苏维埃政府及工农民主革命所得到的政权，意图保持或恢复豪绅地主资产阶级的统治者，不论用何种方法都是反革命行为。"由此而制定的"反革命罪",在历次刑法等法律制定过程中,都被视为事关政权稳定问题的重中之重,毫不例外地从严设置。1979年《中华人民共和国刑法》中的"反革命罪"就是非常重要的一个罪行类别,涵括了第91—102条共20种具体犯罪。用革命战争年代和新中国成立初期的眼光来体察,"反革命罪"在刑法中备受关注,能够比较全面地区分政治性犯罪与其他形式犯罪,对国家安全、社会稳定起到一定的作用,无疑是英明而必需的。

改革开放以后,反革命犯罪案件在全国刑事案件中所占的比例越来越小。社会结构、社会观念不断发生变化,"反革命罪"在司法活动中也越来越难认定,成为司法工作中一个难点和焦点。此时的中国法制建设开始与国际学术界接轨,中国独有的"反革命罪",引起了国际学术界的关注和讨论,成为某些国家对中国恶意中伤的口实。而且,"反革命罪"的提法,在国际上极易被纳入政治范畴,"反革命罪"罪犯被视为政治犯。国际法中"三不引渡原则"之一就是"政治犯不引渡",不少危害了国家安全的罪犯以此为理由,庇身于其他国家来躲避惩罚。适应于革命时期和新中国成立初期的"反革命罪",已然不适应当今的时代。我早早就感受到了这一点,很早就提出,反革命作为一个政治概念,直接纳入法律条文,会在具体司法活动中产生各种不便。我和持相同意见的学者曾多次共同向立法机关建议,把"反革命罪"改为"危害国家安全罪"。尽管全国人大常委会法工委对这个建议表示赞同,然而,要在刑法中彻底消除已然存在数十年的"反革命罪",这不仅仅是一项单纯的立法工作,还涉及社会理念等各个方面,所以又变得困难重重。但是这个意见引起了学术界的广泛关注。或许是革命时期的风云变幻仍然深深地影响着个别学者,他们提出激烈的反对意见,甚至认为,试图修改"反革命罪"的,本身就是一种反动思潮,党中央必须高度重视,绝不能等闲视之。也有人把"一国两制"政策诠释为"一国两法",认为改革开放后的中国,不仅要在体制上保留自己的特色,立法上也要保留自己的特色,而"反革命罪"就是立法上中国特色的体现。何况,事实也证明了,改革开放之后,仍然有反革命暴乱事件发生,对反革命行为应当时刻保持警惕。

这一场原本是纯净的学术争论,迅速升级到政治范畴,引起了中央高层的关注。"以阶级斗争为纲"年代的种种,又从我的记忆中复苏,我反复思考:一部好的法律,必须合乎时代精神和基本国策,在以经济建设为中心的年代,不应该再强调革命与反革命的矛盾斗争。偶有出现危害国家安全的暴力行为,从某种角度来说,已经不再是"反革命"。

抱着"虽千万人,吾往矣"的决心,我更加坚定地坚持修改"反革命罪"的意见。1995年,我在《法制日报》

上发表文章,白纸黑字写下了应当把"反革命罪"改为"危害国家安全罪"的意见。值得庆幸的是,在这场论战中,司法实务机构从具体司法活动角度出发,明确提出"反革命罪"不适应时代发展的观点,为"反革命罪"的取消赢得了有力的筹码。在学术界和司法界的推动下,1997年《中华人民共和国刑法》的起草阶段,"反革命罪"被改为"危害国家安全罪"。立法机关据此在法律条文中删除了相关定义,对犯罪性质进行调整。1997年《中华人民共和国刑法》公布之际,这寥寥几字的改动,引起了海

时任全国人大常委会副委员长王汉斌暨全国人大常委会法工委领导会见参加刑事立法的几位专家时的合影(前排左起:高西江、顾昂然、高铭暄、王汉斌、陈光中、严端、王存厚。后排左起第三胡康生,第四樊崇义,第五崔敏,第六陈卫东)

内外学界的高度关注,也成为中国刑法学走向世界的一个显著的标志。

傅 听您这样一说,我对我们国家的刑法立法的过程就有了大致的了解,您还要补充说些什么?

高 我们的刑法是怎么出台的,一直到后来怎么修订和完善的,这个过程我是熟悉的。后来,我还和赵秉志教授共同主持编纂了一部全面、系统和客观反映新中国刑法立法状况的大型书籍——《新中国刑法立法文献资料总览》。中国人民大学的网页上介绍这本书,称"全面、系统和客观地反映新中国刑法立法文献与资料的大型书籍——《新中国刑法立法文献资料总览》。这部大型立法文献性书籍的出版,有助于广大刑法理论工作者和司法实务人员透视新中国刑法立法乃至刑事法治前进的轨迹,亦有助于研究和把握现行刑法的立法背景、立法原意及其优势、特色和美中不足之处,从而对刑法理论研究的丰富和深化、对刑事司法实务的完善、对刑法立法工作的继续进展有所裨益"。

傅 1997年修订《中华人民共和国刑法》之后,您还从事了哪些立法和修法工作?

高 1997年全面修订《中华人民共和国刑法》以后,我国刑事立法仍旧十分活跃,为适应实践的需要,刑法也在不断地修改和完善。自1998年起,全国人大常委会先后通过了1个单行刑法,10个刑法修正案,13个有关刑法的解释。此外,在全国人大常委会通过的对部分法律作出修改的决定中对刑法有些文字也作了一些修改。可以说刑事立法是这些年来我国立法活动中最积极最活跃的领域和方面。经初步统计,截至《中华人民共和国刑法修正案(十)》通过,全国人大常委会对1997年《中华人民共和国刑法》修改了110条,新增了39条,删去了1条。1997年《中华人民共和国刑法》条文共452条,经过上述修改,现在实际条文490条,有近1/3的条文有所变化。主要的修改大概在这样几个方面:第一是减少死刑。第二是调整处罚结构。第三是及时修改和补充有关的一些犯罪罪名和规定。新增加的罪名有50多个,同时对一些原有的犯罪构成要件也作了调整。第四是不断完善刑事立法的技术。顺便说说,我还参加了部分刑法司法解释的起草、修订和研讨咨询工作。最高人民法院审判委员会副部级专职委员胡云腾说:"我在最高人民法院从事司法解释相关工作15年了,我们很多的司法解释都是高老师帮助论证的。"最高人民检察院检察委员会前副部级专职委员戴玉忠也说过:"我在最高人民检察院负责司法解释工作时,每遇重大疑难案件和问题,第一时间想到的就是向高老咨询,请他'把把脉'。"

二、著书立说,弘扬刑法理念,传播刑法知识

傅 在这一期间,您除了参加立法以外,还撰写过哪些学术论文,提出了哪些学术观点?

高 审视从1954年到1979年25年的岁月,我的主要精力都投入到了刑法立法之中。事实上,那些年我还是为中国刑法研究留下了一些值得后人参阅的文章的。当然,受到当时政治背景的影响和约束,一些文稿的观点和风格上,无可奈何地带上了历史烙印,学界如离开当时的历史背景去看待的话,很容易对这些学术观点作出不公正的评价。如1958年,我参与撰写了《中华人民共和国刑法是无产阶级专政的工具》一书。这是一本在当时政治背景下应运而生的小册子,其中关于怎样认定犯罪的论述,受政治因素影响,文稿中只字未敢提"犯罪构成"等。可以说,这本小册子极具代表性地体现了当时的政治风向。当然,有一些文章和观点,还是具有开创性的,也产生了一定影响。如1957年2月,中国人民大学法律系刑法教研室集体撰写了《中华人民共和国刑法讲义》，其中"犯罪构成"一章就是我执笔的。这本讲义后来由最高人民法院负责刊印下发，一些高校和司法部门学习时也作为工具书使用，这是新中国自行编写的第一部刑法学教材。而我自认为我在这个时期最重要的作品，则是1964年写的《中华人民共和国刑法（草案）学习纪要》。

傅 许多学界同仁引用时，都说是《中华人民共和国刑法学习纪要》？

高 那是错的。当时《中华人民共和国刑法》还未颁布实施。因此，只能是刑法草案。

傅 《中华人民共和国刑法的孕育和诞生》一书，被法学界，尤其是刑法学界评价为"当之无愧称之为迄今难得的中国刑法立法论述与研究的扛鼎之作"。您怎样想到写这本书的？

高 这也是我特殊的经历所决定的。因为我是全过程参加我国刑法立法的唯一一位学者，对刑法的孕育与诞生的过程最了解。当时中国人民大学有个规定，凡是学校外派的工作人员回校后，都必须向校方汇报在外的工作情况。早在1964年，《中华人民共和国刑法（草案）》第三十三稿已经完成，我回到中国人民大学后，向法律系刑法教研室作了口头汇报。教研室认为我对立法工作颇有心得，要求

二、著书立说,弘扬刑法理念,传播刑法知识

我写一篇关于如何学习刑法的材料,作为教研室内部资料发放,为相关专业的教职人员提供教学资料。拿到这个题目,我回想起立法过程中的种种,各种记忆纷至沓来,一部起草了二十多年的法律,关乎全球1/4的人口,世人对之应该有很多、很深刻的理解。我夜以继日地奋笔疾书,不到一个月,拿出了近8万字的《中华人民共和国刑法(草案)学习纪要》,把刑法立法中的难点和重点问题,简略而深刻地梳理了一遍。刑法教研室的领导看了文稿后,认为写得很好,值得重视和广泛推广。然而,就在此时,在各种政治因素的触动下,中国刮起了一阵法律虚无主义之风。《中华人民共和国刑法(草案)学习纪要》的推广计划被延迟,最后匆匆付印,订成油印册也只能在本系部分师生中发放。"文革"期间,理所当然地被束之高阁,所幸没有被毁坏。

时间转眼就到了1981年,《中华人民共和国刑法》等一系列法律正式颁布实施后,全社会掀起了学习法律的热潮。许多人又拿出这本小册子,发现了其中精辟而独到的观点,一时间风靡学界。最高人民检察院研究室编印的《检察业务学习资料》第13辑中,特别刊载了全文,鼓励检察系统人员学习。我与中国刑法的关系,得到学界的整体认可,不时有同行和学生来向我请教刑法方面的知识。面对这一切,我既深感慰藉,又激动不已。带着挑剔的眼

光去看待自己的作品，审视自己参与编撰的《中华人民共和国刑法》文本，仍感有许多"硬伤"，需要打磨。透过文稿的一遍遍修改的痕迹，一波三折的往事和数十年的政治动荡，恍然就在眼前。在最后定稿时，正处"拨乱反正"之际。中国的前行方向从"阶级斗争为纲"转向致力于发展经济，一如新中国初建之际百废待兴的状态。邓小平所说的"摸着石头过河"，正是这一时期中国社会运行的生动写照。《中华人民共和国刑法》中，个别条文得不到决策层明确的意见，没有经验、没有实例可以依循。全国情况千差万别，条文定得过细过死，会造成适用性不足，而且容易发生偏差。因此，某些条文的制定，只好偏于概括，采用"情节严重""情节特别严重"一类的语句，存在描述不够精确的缺点。

　　思想的变革，从来都不是一朝一夕的。由于当时的刑法学界未从"文革"冲击形成的学术荒芜中走出来，新中国成立初期的"阶级斗争为纲"理念无法一朝褪尽，虽然到了"文革"之后依然可以窥见昔日痕迹。和《中华人民共和国刑法》一样，同时期颁布的许多法律，都不同程度地存在"阶级"之类的词句。随着经济社会的发展，这些词句与社会现实的衔接，有"渐行渐远"的趋势。此外，党中央始终贯彻的"群众路线"，投射在立法上，被理解成"通俗易懂"。某些机构要求法律条文的撰写必须简单

二、著书立说，弘扬刑法理念，传播刑法知识

质朴，以"方便全国人民学习"。由于各种因素，使中国第一部刑法与法制成熟国家的法律文本相比，难免流于粗疏和简单。

正当我对自己参与过的立法工作进行反思之际，同时我也感受到了刑法实施的反响。对中国的司法工作人员来说，中国有了自己的刑法诚然是好事，但也需要一个适应过程，需要权威人士提供意见确保实施不出现偏差。但在当时仅有彭真同志所作的一篇《关于七个法律草案的说明》，此外近乎一片空白。数亿人口的泱泱大国，每天都会发生刑事案件，法官、检察官和律师们，面对具体案件和单薄的法律文本，冒出无数的疑点难点，却无处寻求解释，出现了"口袋罪"现象。最为典型的"口袋罪"当属"流氓罪"。由于司法人员未能很好地理解刑法，遇到某些疑难案件，动辄就定为"流氓罪"了事。"流氓罪是个筐，什么都往里面装"，成为刑法学界流行一时的笑话。

我了解到这些情况后，就有点儿按捺不住了。作为一名立法工作人员，而且是刑法立法过程中始终参与的唯一学者，无论是出于社会责任，还是个人的学术追求，我认为有必要，也有责任对大家作一些解释，至少把刑法条文的来龙去脉说清楚，尽可能让更多的人懂得这部法律的深层内涵，了解立法的原意，让法律真正成为捍卫国家、民族和公民权益的利器。

这时我又想到《中华人民共和国刑法（草案）学习纪要》，囿于当时政治环境和时间，文稿中只是简单表述了刑法制定的原则和精神。此时，我心头又有了很多很多想说的话，而当时的学术界乃至全社会，或许愿意听一听我的说法。如果以这个稿子作为蓝本，结合社会的变化和新的需求，扩充成一本书，是不是可以缓解时下司法工作的需求呢？

1980年的春天，刑法学术界的空旷与单薄是有目共睹的。法律出版社的负责人通过学术界友人，辗转联系到我，请我从一名参与立法学者的角度，写一本关于中国刑法诞生方面的书，这也正与我的想法相契合。志同道合的双方开展合作，我没有太多的顾虑和斟酌，很快就签订了稿约，迅速进入了写作状态。

傅 您是如何完成此书的写作的？

高 我先认认真真地把自己写的《中华人民共和国刑法（草案）学习纪要》文稿读了读，然后确立全书的框架。之后，我又四处收集资料，找来立法过程中产生的所有可能找到的文本，对照着颁布的《中华人民共和国刑法》，一条一条地找出变化。由于原先交给中国人民大学法律系保密资料室保管的资料被毁，给我的写作带来了巨大的困难。幸好还有当年不舍得离身的笔记本，可以提供思路和

二、著书立说，弘扬刑法理念，传播刑法知识

佐证。结合时间节点和政治背景，立法精神的更迭，法律文本更改的背后原因，结合为刑法立法工作耗费了25年的回忆和分析，内容框架就慢慢地呈现出来了。25年里，我也曾经萌发过那么多的学术观点，现在终于可以写出来，告诉同行学者，能尽我所学为国家和群众服务，这是多么令人兴奋的事！那些日子，我像是上了发条的写作机器，只要稍稍有空，就坐下来写。当时，学校分配的教学任务还是很繁重的，我只有争取在白天忙工作上的事，腾出夜间的空档用来写作。不到半年的时间，就拿出了近20万字的书稿，与法律出版社沟通后，书名定为《中华人民共和国刑法的孕育和诞生》。在这本书中，我发挥亲身经历立法的优势，对我国刑法条文的主要内容进行了具体的阐述，对制定过程中各种分歧意见，进行了客观评价，再到最后如何定稿。全书辩证地体现了我国刑法的精神，也客观全面地记录了我国刑法的曲折孕育和艰难诞生的过程，对理论界和实务界准确理解与正确适用刑法提供了重要帮助。

1981年7月，书稿通过审核，正式出版并在全国发售。那还是文化枯竭的年头，"文革"浩劫过后不久，书籍对中国普通老百姓而言，既敬畏又陌生，读书的风气还不是很盛行。法律出版社对市场进行初步考察，设定书的印数为12 000册。书的显眼之处，标注了"内部发行"的字样。我向法律出版社负责人询问此事，得到的答复是："李

波人社长有话,你将立法家底都'亮'出来了,当然要内部发行啦。"尽管有内部发行的规定限制,12000册《中华人民共和国刑法的孕育和诞生》一书面世后,像是一阵风刮过学界,不到一个月就销售告罄。各大书店纷纷请求增加订单,但印数已定,无法增加,买不到书的人只好辗转借阅。那个年代,复印机还是稀罕物,普通老百姓甚至都没听说过。太多人渴望读到这本书,因市场上买不到此书,有的人就亲自动手抄写,于是就出现了手抄本。

《中华人民共和国刑法的孕育和诞生》

傅 也就是说,此书出版的效果之好出人意料?

高 可以这么说。改革开放之后的中国,经济社会得到了

二、著书立说，弘扬刑法理念，传播刑法知识

迅猛发展，关乎商品经济、私营企业的各种词汇，很快就普及到社会的每个角落。这些变化引发的各种问题，是改革开放之初无法想象的。经济基础直接影响上层建筑，从新中国成立之初一路走来的刑法和其他法律条文，在这个时期呈现出不同程度的不适应。再度立法工程浩大，为了引导社会良性发展，全国人大常委会只好结合社会实际，不间断地制定一些单行法律。

虽然如此，在1981年前后，社会各界对《中华人民共和国刑法的孕育和诞生》仍然有热烈的需求。法律出版社几度向我征求意见，试图再版《中华人民共和国刑法的孕育和诞生》。这让我觉得很为难。随着单行刑法的颁布和实施，中国的刑法精神发生了巨大的变化。而这本书写在所有单行刑法之前，还来不及纳入这部分内容。我对这本书的价值还是充满自信的，但不希望自己的著作滞后于社会发展继续出版，只好婉言谢绝了法律出版社的要求。我表示将会对书中内容进行修订，补齐缺失的内容后再作打算。

中国的经济社会遵循自己的规律持续快速发展，法制工作也随之快速前行。从1979年《中华人民共和国刑法》实施之后到1997年《中华人民共和国刑法》实施之前，立法机关不间断地共颁布了25个单行刑法。随着我学术成就和学术声望的提升，我的科研任务也越来越多，时间也显

得越来越紧张。我几次试图着手修订《中华人民共和国刑法的孕育和诞生》,但总能听到又有新的单行刑法即将出台。我又放下继续等待,以图在书稿中纳入最新的内容。修订工作就这样一拖再拖,而计划中的修订内容随之日益繁重。

《中华人民共和国刑法的孕育和诞生》一书的再版虽然未能在短期内实现,但这本书激发的思考和创作,仿佛一石激起千层浪。从学界到业界,跟随着这本书出现了大量关于刑法的论文和著作。有关数据显示,新中国成立到1979年《中华人民共和国刑法》颁布前,和刑法相关的文字少之又少。据不完全统计,新中国成立之后到"文革"之前的17年里,发表的刑法论文仅有176篇;"文革"期间文化陷入一片荒芜,近乎颗粒无收。1979年《中华人民共和国刑法》颁布后至1985年年底的6年多时间里,发表的刑法论文近2300篇,增加了十多倍。刑法书籍出版的数量也大大增加。1979年《中华人民共和国刑法》颁布以前,铅印出版的有关新中国刑法的书籍仅有141本(其中总类56本,教科书类11本,论著类35本,案例分析类32本,普及读物类5本,案例汇集类2本);1979年《中华人民共和国刑法》颁布以后到1985年为止,这一类书籍增加到211本(其中总类48本,教科书类65本,论著类35本,案例分析类33本,案例汇集类30本)。可以说,从某

二、著书立说，弘扬刑法理念，传播刑法知识

种程度上讲，《中华人民共和国刑法的孕育和诞生》一书对于中华人民共和国刑法研究产生了一定的影响。

傅 此书之后不是再版了吗？

高 是的。那是时隔31年的事了。当时，这本书供不应求，法律出版社就打算再次印刷，为慎重起见，征求了我的意见。我当时也比较保守，考虑到从1981年起，国家立法机关就不断制定单行刑法，如《中华人民共和国惩治军人违反职责罪暂行条例》《关于处理逃跑或者重新犯罪的劳改犯和劳教人员的决定》等，这本书并没有包括这些内容，有些滞后了，所以我就婉拒了，表示等以后有机会修订时再印为妥。可是单行刑法和附属刑法不断出台，从1988年开始，国家立法机关又着手修订刑法，至1997年3月，修订后的《中华人民共和国刑法》也颁布了。这本来是修订出版上述书稿的好机会，然而从1998年又开始出台单行刑法，从1999年开始连续出台了一系列刑法修正案，使我举棋不定，出书计划一拖再拖，直至《中华人民共和国刑法修正案（八）》颁行，我才最终下决心把该书修整完毕，取名《中华人民共和国刑法的孕育诞生和发展完善》，并按与北京大学出版社蒋浩先生的事先约定，交由北京大学出版社出版。2012年5月，《中华人民共和国刑法的孕育诞生和发展完善》由北京大学出版社出版。全书包

括前言、上卷和下卷。上卷为"中华人民共和国刑法的孕育和诞生",主要围绕1979年《中华人民共和国刑法》如何诞生来写,对1949年新中国成立至1979年《中华人民共和国刑法》诞生期间的多个立法稿本以及立法过程中的争议问题进行了较为详细的归纳分析。除了作一些文字技术性处理外,基本上就是1981年出版的那本书的再现。下卷为"中华人民共和国刑法的发展和完善",主要围绕1997年修订后的《中华人民共和国刑法》来写,内容包括1979年《中华人民共和国刑法》颁布后至1997年《中华人民共和国刑法》全面修订期间的多个单行刑法、立法稿本,以及1997年《中华人民共和国刑法》修订之后的1个单行刑法和8个刑法修正案、9个刑法立法解释,对刑法每个条文的来龙去脉进行了梳理,并对条文在立法过程中的相关争议问题进行了介述。该书采取逐条论证的方式,对我国刑法从起草、制定再到修订过程的立法背景等进行了详细的论述,对刑法实务界研究我国刑法具有重要的参考借鉴价值。

傅 陈兴良教授认为:"高铭暄教授将《中华人民共和国刑法的孕育和诞生》一书称为一部综述性的著作,当然是一种谦逊的说法。实际上,这本书中包含了高铭暄教授对刑法中一系列重大问题的深刻思考。当然,由于这本书的

二、著书立说，弘扬刑法理念，传播刑法知识

性质所决定，其中确实主要是对刑法制定过程改动情况的一种综述。正是通过本书，我们得以了解历经30年的我国第一部刑法的艰难制定过程，因而使本书具有了某种史料的价值。"

高 也可以这样说吧。

傅 您的恩师、曾任外交部法律顾问、联合国前南斯拉夫问题国际刑事法庭法官的我国著名法学家李浩培先生对此书有过高度评价？

高 是的。恩师李浩培曾说过："《中华人民共和国刑法的孕育和诞生》是我国刑法学界的一部重要著作，任何人如欲谙熟我国刑法，是必须阅读的。"那时我只写了"孕育和诞生"还没有现在的"发展和完善"这一部分，现在完整了。

傅 此书近期不是要再版吗？

高 是的。该书2012年出版后，全国人大常委会又于2015年8月通过了《中华人民共和国刑法修正案（九）》，对刑法修正的内容比较多，改动的幅度也比较大。而且2014年4月24日还一次性地通过4个刑法立法解释。北京大学出版社的蒋浩又找到我说：本来书已经售完，与其简单地不加修改加印，还不如利用此机会，对书的内容充实完善后再版。我答应这个要求。把《中华人民共和国刑法修正案

高铭暄先生的恩师李浩培先生的中年照

(九)》和《中华人民共和国刑法修正案（十）》对刑法的修正内容以及这个时间出台的4个立法解释增补到书中。

傅 该书的德文版的出版是怎么回事？

高 我国刑法学家的著作，翻译成外文的极少，翻译成德文的更少。中国刑法学者要走向世界，让世界了解中国，就必须发表中国的观点、发出中国的声音。许多人向我建议，将《中华人民共和国刑法的孕育诞生和发展完善》翻译成外文，给大家带个头。起初我还有点犹豫不决，在邱兴隆等人的一再敦促下，于是就定了此事。

德文版的文稿与此次中文版拟再版的稿子内容上是一

二、著书立说，弘扬刑法理念，传播刑法知识　063

《中华人民共和国刑法的孕育诞生和发展完善》

样的。自2015年7月开始，赵冠男和邱坦开始着手德文版本的翻译和出版工作。两位都是留德的博士，是夫妻，邱坦是我的学生邱兴隆的女儿。由于该书内容比较多，不易装订，故分为上中下三卷出版，截至目前，前两卷的出版工作已经完成。分别为：高铭暄著：《中华人民共和国刑法（第一卷）：孕育和诞生——1979年中国刑法（Das Strafgesetzbuch der Volksrepublik China Band 1：Erarbeitung und Entstehung：chStGB 1979)》，赵冠男、邱坦译，德国科瓦茨出版社（Verlag Dr. Kovač）2017年版（ISBN：978-3-8300-8815-8）；高铭暄著：《中华人民共和国刑法（第二卷）：

发展和完善——1997年中国刑法总论（Das Strafgesetzbuch der Volksrepublik China Band 2：Entwicklung und Vollendung：chStGB 1997 Allgemeiner Teil)》，赵冠男、邱坦译，德国科瓦茨出版社（Verlag Dr. Kovač）2017年版（ISBN：978-3-8300-9594-1）。在完成前两卷翻译和出版的基础上，按照和科瓦茨出版社商定的翻译和出版计划，现拟出版本书的第三卷，即《中华人民共和国刑法（第三卷）：发展和完善——1997年中国刑法分论（Das Strafgesetzbuch der Volksrepublik China Band 3：Entwicklung und Vollendung：chStGB 1997 Besonderer Teil)》，翻译工作已完成。

傅 此书出版后的社会反响如何？

高 德国科瓦茨出版社成立于1982年，位于德国汉堡，是一家主要出版学术书籍的专业型出版社，自成立以来已为10 600余名作者出版数万本学术著作。该书在德意志国家图书馆、德国各州公立图书馆、各大高校和研究机构图书馆均有馆藏。在专著德文版出版后，我的题赠版已为德国哥廷根大学刑事法图书馆、德国慕尼黑大学图书馆、德国马克斯·普朗克外国刑法和国际刑法研究所（弗莱堡）等国际知名高校和研究机构馆藏。德国慕尼黑大学许乃曼教授、德国维尔茨堡大学希尔根多夫教授、德国马克斯·普朗克外国刑法和国际刑法研究所阿尔布莱希特教授等均对

二、著书立说，弘扬刑法理念，传播刑法知识

本书的翻译出版予以了高度评价。据了解，该书在德国已脱销。

傅 《刑法学原理》（三卷本）何时出版的？

高 第一卷和第二卷分别是于1993年10月和1994年10月出版的。这一套《刑法学原理》（三卷本）的出版，集纳了我国刑法总则理论领域的重要成果，荣获国内图书出版最高奖项"第二届国家图书奖"。起初，该书以"中国人民大学丛书"的名义出版，后因该书影响力的原因，国家新闻出版总署调整了该书的规格，将其列入"中国丛书"出版。

傅 教材往往是一个人接触某个学科的最早读物，可能影响他的一生。在您的学术生涯中，主编过不少教科书，对那个年代的许多人产生了很大的影响。有许多人，尤其是法科的学生和司法工作者都说：我是看（读）高铭暄老师的书长大的。是不是这样？

高 是的。现在还有不少人当面跟我这么说，几乎成了见面时问候之后的第一句话。刑法学教材的编写工作，是法学教育的基础工程之一，是用刑法理论知识武装人们的头脑、加强同违法犯罪作斗争的不可缺少的重要手段。

傅 您介绍一下这方面的情况？

高 《中华人民共和国刑法》颁布实施后，专家学者们的

研究就有了样本。学术界尤其是刑法学界,加速了对刑法典的研究进度,但一时之间仍然无法解决正确理解和适用法律的难题。党中央很快就发现了司法部门面临的困境,并高度重视。不久之后,全国各地都传出举办法律培训班的消息,还举办了各种普法活动。

作为普法工作的责任单位,司法部计划举办几期较为高端的普法班,学员是从全国各地选取的优秀司法工作者。为这些学员讲课的,必须是法学界的权威人士。司法部找到全国人大常委会法工委,请求推荐几个通达立法精神的学者教授来讲课。谁能比立法工作者更好地传播法律精神呢?在全国人大常委会法工委的推荐下,我就在业余时间到这个普法班讲授刑法课。

高铭暄先生与四川大学刑法教授伍柳村先生合影

二、著书立说，弘扬刑法理念，传播刑法知识

面对新颁布的法律，高校的法学教职人员面临尴尬境地。教学人员一时之间也很难准确把握新法律的精神，但课程却必须设置和延续。教育部门和司法部门采取了相似的做法，都组织了高校刑法学教职人员进行集中培训。中国人民大学的法学教学在业界素著盛名，我和许多同事都应邀前往为这个培训班讲课。教职人员身负培养下一代的任务，对刑法学的理解稍有偏差，就可能导致成百上千学生跟着老师错下去。我非常重视这次课程，丝毫不敢懈怠，精心地准备了教案。

令教育系统尴尬的是，此时中国高校还没有真正的中国刑法学教材。面对百废待兴的法制建设，需要一套系统而权威的法学教材，来满足法学教育和司法实务需要。我始终认为，刑法学教材的编写，是法学教学的基础工程之一。《中华人民共和国刑法》实施一年后，在党中央和各界的首肯下，司法部和教育部迅速开展刑法学教材编写工作。1982年，由司法部牵头，邀请了全国12位刑法学界的专家和学者，在北戴河开刑法学教材统编研讨会。会议的主旨非常明确，要以最快的速度，编写面向全国高等学校法学专业的刑法学教材，让莘莘学子早日有书可读。

与我以前在立法时参加的会议不同，由于这次与会的大部分都是学者，惯于从学术的角度来看问题，于是很快就达成共识，组成了刑法学教材编写组。在大家一致推荐

下，我担任这本教材的主编。和我一样毕业于中国人民大学法律系刑法研究生班的马克昌这时已经在武汉大学任教，他和吉林大学的高格共同担任副主编。参与编写的还有甘雨霈、邓又天、周柏森、朱华荣、江任天、曹子丹、王作富、王志文和余淦才。

20世纪80年代司法部组织编写、高铭暄先生任主编的高等学校法学教材，被人称之为"白皮书"的《刑法学》

教材编写组的办公室就设在司法部的教材编辑部，位于如今的中关村湖北大厦一带。北戴河归来之后，教材编写组集中到办公室开会反复讨论，最后确定：《中华人民共和国刑法》的制定过程虽然曲折，但始终把苏联刑法作为主要借鉴方向。与此相适应，中国刑法学教材的编写，也

二、著书立说，弘扬刑法理念，传播刑法知识

应该参考苏联刑法教科书的体例和原理。据此制定了教材大纲，然后对编写任务进行分工。司法部很信任我们这个团队，对具体的事务也没有太多过问，更没有领导不时派人来传达个意见什么的。

我这时刚刚完成了《中华人民共和国刑法的孕育和诞生》一书，又紧绷着精神参与编写教材，体力再度透支，终于引发了腰疼病。只要稍一动弹，就疼得筋骨欲断。按照医生的建议，我只能卧床休息，没有什么速效治疗方法。在家人的劝说下，我勉勉强强躺了一天。由于统编教材的成书日期已列入计划，教材编写组成员中任何一个出现纰漏，都会影响到全书的进程，乃至影响到全国高校刑法教育进程。看着时间一分一秒地过去，交稿期限一分一秒地逼近，心里不是滋味。第二天，我想出一个好办法：把枕头垫高，在肚子上立了块木板，稿纸夹在木板上，一手扶着木板一手写。我只能躺在躺椅上工作，上班时让人开车连人带躺椅一起送去办公室。这样写稿子，脖子长时间保持同一姿势，又酸又疼。左手一直扶着木板，累得发麻。可是，稿子却一天天积攒起来。直到最后的统稿阶段，我的腰疼病仍没有完全缓解。我作为主编，必须承担书稿审阅工作。你可能想不到吧，新中国的第一部刑法学统编教材，我就是这样躺着主编出来的。

1982年年底，经过刑法教材编写组的共同努力，"文

化大革命"后第一部最权威的刑法教科书顺利完稿,定名为《刑法学》。司法部和教育部经过审查后,同意该教材面向全国高校发行。学界和教育部门对此书的评价是:"体系完整,内容丰富;阐述全面,重点突出;纵横比较,线索清楚;评说客观,说理透彻;联系实际,解决问题。它集学术著作和教科书于一身,不仅集中反映和代表当时我国刑法学研究的成果和发展水平,而且为我国刑法学奠定了基础。从而在新中国刑法发展史上,起着承先启后的作用。"[1]

傅 您作为主编,在这本教材中有哪些特别的贡献?

高 在这本书里,我认为我对刑法典的理解,有与他人不同的角度。在我撰写的内容里,结合对刑法实际应用的考察,开创性地概括了刑法的基本原则:罪刑法定原则,罪刑相适应原则,罪责自负、反对株连原则,惩罚与教育相结合原则。这四大原则全面而凝练地阐明我国刑法的精神与内涵,得到学界的高度肯定。1997年我国重新修订刑法时,这四大原则被吸纳更新为我国刑法的三大基本原则写入法律条文中,即:罪刑法定原则、罪责刑相适应原则、适用刑法人人平等原则。据我所知,从此以后,在各级各

---

[1] 赵秉志、王勇:《刑法学评价》,载《高等教育优秀教材评介集》,高等教育出版社1989年版,第138—142页。

类学生使用的教科书中,都有刑法基本原则的研究和认识,特别是在我国全面修订编撰刑法过程中,刑法学界关于刑法基本原则如何界定,基本原则是否应该在刑法中增设以及应当如何规定刑法基本原则等问题,更是进行了广泛的论证,最终我国立法者有选择地接受了这些观点,在1997年《中华人民共和国刑法》第3条到第5条,明确规定了罪刑法定原则、罪责刑相适应原则和适用刑法人人平等原则。

可见我国刑法学界为刑法基本原则在刑法当中的规定,做了很多理论上的准备。也可以说,以罪刑法定原则为代表的刑法基本原则的法定化,是刑法理论研究直接推动的结果。

傅 此书发行后,作过哪些修订和补充?

高 1981年,国家出台了《中华人民共和国惩治军人违反职责罪暂行条例》,出于各种原因,次年出版的统编教材,并没有写入这部分内容。教材第二版即将付印之际,军人违反职责罪的问题被社会各界日益重视。我认为,法律系本科生不应该存在这方面的知识盲点,为此,在特别征得了副主编马克昌以及其他几位教材编写组成员的同意后,我自行动笔补写了一章加在教材中。这时,中国法学界关于犯罪学的研究水平有了大幅度提升,"犯罪原因"是犯罪学研究的一个重点。刑法学教材的第一版费了不少笔墨来描述"犯罪原因",但我始终认为,在刑法学中讲犯罪原因,一来没法讲透彻,二来也没必要和犯罪学内容重复,而且随着犯罪学的发展,刑法学描述的"犯罪原因"将会因为流于浅薄而处于尴尬地位。教材编写组同意了我的意见,在第二版时删除了这部分内容。

我主编的教材《刑法学》发行后供不应求,出版社不得不再版了8次,印数近200万册,创同类教材数量之最。1988年,该书获得国家级优秀教材一等奖和司法部优秀教材一等奖的双重殊荣。受益于这本教材的人,难以计数。学界公认,"文革"之后开始学习法律的人,都受到这本教材的影响。因为此书封面是浅红色的,许多人称其为"红宝书"。在版权不完善的年代,编写教材给的稿费标准非常低,也没有所谓的版税,出版社最后总共给了1 000多元。整个教材编写组十多人,每个人都担负了一定的写作任务,1 000多元按编写的分量比例来分发,平均一个人拿到手的不足100元。后来每次重版之际,出版社也会再给教材编写组几百元,这些钱照例分发到个人。虽然如此,整个教材编写组的成员没有谁嘀咕过"钱太少"之类的话。改革开放初期,经济还不活跃,人也显得单纯,对金钱普遍很淡然。能够成为新中国高校教材的编写者,把自己所学贡献给社会和学术发展,普惠到万千学子,对于那

二、著书立说，弘扬刑法理念，传播刑法知识

个年代的学者而言，是自我价值的体现，也是社会责任感的体现。这些对后来者而言，或许是难以体会的。

"文革"之后，民间和政府仿佛在一夜之间意识到了知识的力量，试图从各个角度修复"文革"给中国教育事业带来的巨大冲击。恢复高考后的短短数年内，电大、业大、函大、自学考试等全日制之外的教育方式蓬勃兴起。我主编的《刑法学》高校教材得到了学界认同和赞誉，教育部门的有关负责人，也邀请我来担任刑法学教材的主编。虽然处于百忙之中，我都是痛快地接受邀请。我始终认为，作为一名刑法立法的参与者，有责任让更多的人正确理解刑法。

我主编的普通高校教材，注重法理分析，引导学生充满思辨地去理解法律，让全日制高校学生为将来可能面临的学术研究做好基础知识储备。而电大、夜大和自学考试的学生，一边学习一边工作，热望在具体工作中有所提升。在编写这一类教材时，我一方面严格把持刑法精神，一方面广泛结合社会现实，从更实务的角度出发。教材中附上的思考题也偏于强调结合具体实例，致力于解决读者法学知识不充分、理念不正确的问题。

傅 我1983年读广播电视大学时，看的就是您讲课的录像，用的就是您主编的《刑法学》教材。起初没有教材，

就反复听，反复看，记笔记。后来才有了打印的教材，但错别字很多。

高 是有这事。事后知道浙江广播电视大学未经我们同意，就自行印了教材，我们也没深究此事。后来听说，这类事还不少。这也难怪，当时大家还没有知识产权的概念，没有教材就印吧，否则学生怎么上课，老师又如何教？至于有无稿费，稿费多少，我们也都没计较。

傅 您还编写过哪些教材？

高 最高人民法院从自身业务发展需求的角度考虑，需要编写一本专门针对全国法官培训的刑法学教材。刑法的应用对法官而言，是极其慎重的大事，乃至关乎人命。最高人民法院拥有大量的专业人才，从体系中选定了主编人选和编写组的大部分人员，但仍然觉得力不从心，需要寻求力量来充实编写队伍。经过反复的甄选，请我来担任这本教材的副主编。

随着这批教材面世，自身科研条件较好的高校，也紧跟其后编写教材。据不完全统计，仅仅20世纪80年代，出现的各类高校刑法学本科教材不下数十种。刑法学术界把这段时期视为教材编写高潮期，事实上，无论是体例还是内容，这些教材都或多或少地受到我主编的那些教材的影响。与此同时，我国的研究生教学当时正处于启动阶段，

二、著书立说，弘扬刑法理念，传播刑法知识

教育部又把刑法学研究生教材的主编工作交给了我。

傅 研究生刑法教材是如何编写的？

高 在中国的刑法学发展之路上，我做过一些事，研究生教材的编写，无非是无数个"首次"之一。接受此书的编写任务后，我有一份如临大敌的压力感。回想起自己的研究生之路，那时的中国还没有本国系统性的刑法可研究，接触的都是苏联的理论和实际，而国家与国家、民族与民族，有着太多的异同和隔阂。所以我当年所学的不少理论是苏联的，与中国国情无法很好地结合。使用这本教材的新中国的研究生，可能是与我一样志愿投身刑法研究的同道中人，是我国刑法事业的接班人，还有可能走上关系国计民生的重要岗位。我希望，新一代的研究生在求学中，不要留下我当年遭遇的遗憾。

这本刑法学研究生的教材定名为《刑法专论》，编写者几乎都是当时国内刑法学界的资深学者。全书分为总则和分则两大部分，按章节分别交由各个编者撰写，最后由我统稿成书。

在此书的编写中，学者们因为学术意见不同，也曾出现一些分歧。如《刑法专论》的总则和分则都提及了"牵连犯罪"问题。总则部分提出："牵连犯罪"的目的是想犯一个罪，但行为或结果牵连到其他罪行，与故意犯多个

罪行的行为有原则性的区别，因而采取了"按重罪处罚"的理念，即按其中最重的罪行来判刑。分则却写道：多个犯罪结果是多个罪行，就应该把所有的罪行都进行考虑，提出"数罪并罚"的意见。在1979年《中华人民共和国刑法》中，还没有关于这方面的明确规定。同一本书中出现两种不同观点，那岂不是乱套了吗？作为主编，我在统稿时作出决断，按重罪处罚的意见更加科学合理，于是删除分则中这部分内容，保留总则的意见。

《刑法专论》交付出版后，教育部学位管理与研究生教育司对此书深表肯定，从而推荐此书作为刑法学研究生的教学用书。这本书因此成为我国第一本刑法学研究生教学用书，在研究生群体中掀起了一阵热潮，不少成名学者也把这本书纳入书单。

傅 还有一本书也值得一提的，那就是《中国刑法学》。

高 对！为适应日益发展的刑法学教学和研究的需要，在原国家教委的组织下，我又于1987年受命主持了供高等院校文科专业适用的新教材，经过一年多的努力，《中国刑法学》一书终于问世。[①] 与其他刑法学教材相比，《中国刑法学》最大的特点在于新，在于富有开拓精神。"它如同百

---

① 参见赵国强：《一本富有开拓性的好教材——评高等教育文科教材〈中国刑法学〉》，载《法律学习与研究》1990年第3期。

花丛的一枝独秀,看后使人耳目一新,意味无穷。与其他刑法学教材相比,《中国刑法学》反映了刑事司法的最新进展;反映了刑事司法的最新动态;表达详略得当,内容丰富多彩。"为我国刑法学教材的编写树立了一个更加成功的典范。此书于1992年获得第二届全国高等学校优秀教材特等奖。

从1981年至1996年,我一共主编了本科、自学考试、电大、研究生等不同层次的全国性刑法学教材6部,学界评介:堪称我国当时主编教材层次最高、数量最多的学者。

三、传道授业培育英才，传授刑法学理论

傅 法学界把您和武汉大学的资深教授马克昌合称为"北高南马",请您说说与马先生的关系?

2008年8月,高铭暄先生与马克昌先生于福建省泉州市

高 改革开放之后,我一如既往地在刑法研究方面努力,学术上也小有所成。随着一系列教材和文章著作的推出,让我在学术界享有了一定的知名度。经历了新中国成立之

初的艰难求学和"文革"时期的曲折年月，我们这一代学者终于在改革开放之后，取得了应有的成绩和声望。学术界的同仁把我与武汉大学的马克昌教授誉为学术界的"北高南马"，这从某种意义上代表了当代中国刑法学界的最新成就，也是学界对我俩的抬爱。

马克昌是中国刑法学研究会名誉会长，中国法学会董必武法律思想研究会副会长，最高人民法院特邀咨询员，武汉大学人文社科资深教授、博士生导师。他是我素来尊敬的一位刑法学家、老大哥。他学术功底深厚，不仅对中国刑法学有很深的造诣，同时对外国刑法学，特别是大陆法系刑法有深入的研究，可以说是新中国刑法学的开拓者和奠基人之一。他曾担任林彪、江青反革命集团案主犯吴法宪的辩护律师。

马克昌教授仙逝时，我在接受记者采访时说过：马克昌教授的辞世，是我国刑法学界和教育界的一大损失，可以说是一颗巨星陨落了。马克昌教授是我的学长，我们相识已有60年。我们共同主编过4部全国性刑法学教材。我国恢复法学教育后出版的第一部权威刑法学教科书《刑法学》，我任主编，他是副主编；我们共同主持过中国法学会刑法学研究会的工作达17年之久，我是会长，他是副会长；我们都是最高人民法院特邀咨询员；我们都被邀请参加修订刑法的咨询研拟工作；我们多次共同参加国际刑法学大会和中日刑事法研讨会；在他生病住院以前，我们每年见面不下6次，切磋交流教书育人和事业圈内一些共同感兴趣的问题。总之，我们情深谊厚、志同道合、互相关心、无话不谈。

在他重病期间，我时刻惦记着，曾两次赴武汉看望他。我诚心祈祷能有一股回天之力，让他奇迹般地恢复健康，重返讲坛；但又感到生死有命，自然规律难以抗拒。

2011年6月18日，我和赵秉志、王秀梅冒着特大暴雨专程去武汉看望了马克昌教授，身在重症监护病房的老马听护士介绍说"这是高铭暄教授"后还微微点了点头。没想到我看望他之后的第四天，他就撒手人寰、驾鹤西去了。我好难过、好辛酸了一阵子。回顾60年的友谊交往，从此画上了句号。但他的慈颜悦色、音容笑貌，将永远活在我的心里。当时，我从心里对他说："老马呀，请您一路走好。"

在纪念马克昌诞辰90周年活动时，赵秉志说："作为中国刑法学界著名的标志性人物'北高南马'，马克昌教授和高铭暄教授在刑法界的重大问题上总是互相支持和帮助的。他们都曾携手推动京内和京外高校的互相协调，使得不同的学术思想在全国的高校间传递。马先生和高先生等中国刑法学者还曾经一起共同推动了与日本刑法学会的交流以及我国死刑制度的改革。"

傅 您和王作富老师同岁,两人多年合作密切,学术界都传为佳话,请您谈谈你俩的友谊?

高 是的。我俩同岁,但我大他7个月。我交往的法学家中,和我关系最为长远、最为亲密的就是他。

王作富是河北唐山人,1950级本科生,由于成绩优秀,被批准进入中国人民大学研究生班深造。我1951年进入中国人民大学读研究生时,王作富已经在那里读研究生了。1952年,他还未正式从研究生班毕业,因其出色表现,破例提前参加工作,加入中国人民大学法律系刑法教研室教师团队。在王作富的记忆中,他曾经给我讲过课。他比我参加工作早一年,所以王作富教授是我的学长。1953年8月,我研究生毕业,也留在刑法教研室工作,我们成了同事。我们从事同一个专业,研究上有所侧重,总体上还都是全面的。我与王作富教授认识迄今已有66年,一起做刑法教师已有64年,在刑法教研室数十年间,有许多教职人员来了又走,但我们两人一直在这里任教,终生从事一个职业。这在学界也是不常见的。他担任刑法教研室主任时,我是刑法教研室的教师;我担任法律系主任时,他是刑法教研室主任。我们合作得很愉快,66年来,我们互相学习、彼此尊重,超越了所谓"同行是冤家""一山不容二虎"这些旧观念。王老师优点很多,党性强、做事

三、传道授业培育英才,传授刑法学理论　085

认真、待人诚恳、学问做得也好,特别是对刑法分则的钻研之深之细,不是一般人能做到的,我认为他是这方面的权威。

中国人民大学研究生毕业证书

我们参加工作之初,中国还处于到处在讲家庭出身、个人成分的年代。王作富的家庭成分是工商业者,我家的成分是小地主,但我们的个人成分都是学生。王作富性格温和柔顺,我性格耿直,不懂迂回。我们得到的待遇相似,学校分配给我们的工作也相似。无论是校外单位举行的学术会议,还是校内的教职工会议,经常能看到我俩同时出现的身影。

我和王作富一起参加了普通高校法学教材《刑法学》的编写工作。国务院学位办和教育部研究生司选定编写研究生教材的人员中,王作富也与我同在其列。凑巧的是,在两次教材的编写中,我负责的都是总则部分,王作富负责分则部分。在学校的教学任务安排中,有关负责人也习惯地把总则部分的教学任务分派给我,分则部分归给王作富。时日一长,中国人民大学的师生们就据此区分,把我喊成"总则专家",把王作富喊成"分则专家"。事实上,刑法学是一门系统化的科学,作为一名研究刑法的学者,必然对分则和总则都进行研究。我私下和王作富都表示对这一类的称呼有点哭笑不得。王作富做学问的风格缜密周到,学术很有建树,他的不少学生后来都成了著名的刑法学家。

或许是两个人太接近的原因,学术界和周边的人,都喜欢拿我和王作富进行比较,由此不可避免地产生了一些"竞争"。但我们两人心境都很光明,始终踏踏实实做好自己的事,始终保持着同事情谊。我俩一起共事64年,从未红过脸,被晚辈后学们誉为"中国法学界的不老神话"。

傅 您任中国人民大学法律系主任是哪个时间段?

高 1983年,中国人民大学任命我为法律系主任。我一向致力于学术研究,在任系主任期间,我努力发挥自己的长项,带领法律系师生共同向着学术高峰前行,中国人民大学的刑法学教育长久地占领国内各大高校相同院系的巅峰

三、传道授业培育英才,传授刑法学理论

位置。客观地说,这是大伙的共同努力,但与我在这段时期的任教、任职也有一定关系。由于系里的日常工作占用了我大量的时间,渐渐萌生出卸任的念头,希望能把更多的精力放到学术研究上。同时,或许是我过于执著的"书生气",和对学术方面的侧重,党支部个别领导不赞赏我的工作作风。1986年,我从法律系主任的位置上退下来,由谷春德接替了我的位置。中国人民大学法律系后来改为中国人民大学法学院,我被列入中国人民大学法学院历任院长(含法律系主任)的名录之中。

傅 您是何时开始指导硕士研究生的?

高 大学本科教育进入常态化后,国务院指示教育部门要尽早启动培养研究生工作,包括中国人民大学在内的数十个大学被列为首批研究生培养机构。1978年1月,各大高校接到了国务院教育部门下发的关于年度招收研究生的通知,定于次年年初开始正式招生。1979年1月9日,研究生入学考试结束,共有一万多名大学本科生收到了研究生入学通知书。

法学方面的科研有别于其他学科,与国家的法治建设联系紧密。在改革开放之后的很长一段时间内,我国法治建设还未真正到位,法学体系的科研工作一直在起步阶段徘徊,研究生教育因此也比其他学科起步较晚。1980年1

月 1 日,《中华人民共和国刑法》开始生效,刑法学研究生教学才有了开展的可能,别的学科研究生教学已经初见成效。直到 1981 年,教育部门完成了前期准备,择取一批学术水平相对高的高校设置刑法学研究生点。处于法学界领军位置的中国人民大学,当仁不让地成为其中之一。原本担任法律系本科班班主任的我和王作富等几位刑法学副教授,被改任研究生导师,开始招收生平第一批研究生。

高铭暄先生时任中国人民大学法律系主任
(摄于 1983 年)

新中国成立初期,旧中国固有的刑法学家,一般都被视为"旧法人员"而被边缘化。我们那一代的刑法学研究生培养,其实多借力于苏联专家。真正凭着新中国自身的力量来培养研究生,又是一件没有前例可循的事。如何与

三、 传道授业培育英才,传授刑法学理论

本科教育拉开距离,让研究生在就读过程中,能学到与学位相应的知识和科研技巧?包括我在内的刑法学研究生导师们,面临着新任务和角色的改变,深深地进行思索。

在中国人民大学,吸纳了研究生导师们的意见后,校方结合1980年公布施行的《中华人民共和国学位条例》和1981年公布施行的《中华人民共和国学位条例暂行实施办法》,制定了研究生培养机制:在三年的学制中,其中两年时间用来课程学习,一年时间用来学术研究撰写学位论文。除了各个学科都必不可少的政治课程,其余课程的安排都围绕专业来设计。作为研究生,应该已在本科阶段完成基础知识的积累,原则上不再安排法学知识系统化教育。导师在教学中,也不能平铺直叙地仅仅进行理论传授,而是要带着学生进行一些有方向性的专题研究。

按照教育系统和中国人民大学作出的规定,1981级一次性招收的刑法学研究生名额共有9个。此外,中国政法大学也设置了刑法学研究生教学点,但师资力量有所欠缺,在上级机构的协调下,该校招收的研究生陈浩然,学籍不变,但聘请我来指导。现任最高人民法院副院长的姜伟,大学本科就在我担任班主任的78级班上就读,1982年又考上我指导的研究生。这批研究生都是直接从本科生招收的,按照《中华人民共和国学位条例》的规定,全部被归入硕士研究生序列。我被评为博士生导师后,从1991年起再没

有招收过硕士研究生,现任最高人民法院审监庭庭长的颜茂昆,是我的关门硕士。

在担任硕士生导师时,我总是表扬鼓励学生,很勤劳、很懂事。虽然师生都没经验,但相互支持一起摸索,也算是有条不紊地走进刑法学的科研殿堂,谨慎而具有开创性地去创建属于中国刑法学的研究生教育模式,终而形成了教育体例,为后来者铺垫了基石。

傅 您是如何指导研究生的呢?

高 研究生对知识的要求当然有别于本科生,对研究生的考核,也不能再限于书本,应该与科研挂钩,应有更为广阔的视野、更具专业性的角度和更加创新的方法。要达到这些目的,必须对学生进行有步骤、有计划地训练。如何才能形成一套综合性方法,可以一步到位地完成训练和考核?我不由自主地想起了在北京医学院工作时期所看到的医学科研中所采取的文献综述方式。我结合刑法学的特点,改良了文献综述的做法,然后在研究生教学中试行。

我信奉"你要给别人一桶水,你自己必须有十桶水"的说法。这是我的恩师李浩培对我作为教师的耳提面命。我还有两句信条:一句是"天才就是勤奋",不要太迷信一个人的智商高低,主要还是靠勤奋;再一句是"知识就是力量",不管你的权力大,权力小,但是有知识,实际上就有力量。这是我奉行的两句格言。我根据研究生的课业进程，自己先做了大量功课，然后选定一个适合的课题交给学生，要求学生在既定时间内，全面地收集材料并且深入阅读，结合当下实际情况进行思考，最后综合各种观点和因素，写成一篇综述性论文。

文献综述推行后不久，学生们纷纷表示，一个大课题做完，差不多也把一门课程学透，获益良多。这种方式，不仅培养了他们阅读能力，还大大拓展了视野，最重要的是让他们学会了思考，学会了形成自己的观点，培养自己的学术方向。文献综述很快就被其他研究生导师借鉴，并得到推广。

随着中国学术界与国际接轨日益频繁，风行于欧美各个领域的文献综述，逐渐为中国相应的领域所接纳。然而，在中国刑法学研究领域，却是我首先从医学领域借鉴来的。此后，文献综述在法学研究范畴内大量使用，乃至在一些特定的活动中，把这种方式作为固定的科研手段。例如，每年年初，不少刑法学研究机构都会综合前一年的科研成就，写一篇综述文章，刊载在专业杂志上。每年一次的刑法学年会，主办方都会指定专人对会议上提交的论文进行汇总，写一篇综述文献，作为会议的总结性材料。这些文献综述稿既能代替总结材料，又能作为论文发表，也为业界的学术发展作出应有的贡献。

傅 对文献综述法陈兴良教授是否有很高的评价？

高 他在《中国审判新闻月刊》登载的"始于综述的刑法学术之路——师从高铭暄教授研究刑法的个人经历"一文中称："正是通过综述的方法，使我进入刑法学研究的大门，成为刑法学术活动的起点。""我们是恢复学位制度以后招收的第一届硕士研究生，因而也是高铭暄教授综述方法的第一批受益者。"文章还说："我们在硕士生和博士生期间完成的刑法学研究综述，在高铭暄教授的主编下，于1986年正式出版，这就是《新中国刑法学研究综述（1949—1985）》一书。这是我参与撰写的第一部书，也是我从事刑法学研究的起点。在该书序言中，高铭暄教授对综述方法作了以下总结性的评价：'在刑法学的研究中，对已有研究成果进行综述，是一种调查研究、获得规律性认识的有效方法。通过专题性综述，不仅使作者本身科研的基本功得到训练，而且也给其他人员提供了一个很好的调查研究资料。所以这是一个值得重视的研究方法。'""高铭暄教授在法学界首倡的综述方法，不仅惠及刑法学界，而且也被其他部门法学界所采用，这是高铭暄教授对我国法学的贡献。"

傅 除此之外，您还有别的好方法？

高 除了文献综述，我也会定期召集学生们一起，或是结合社会发展中出现的新状况，或是结合当下一个热门话题，进行讨论和思考。值得一提的是，中国刑法学科研起步晚，当时大部分学者都把研究内容锁定在本国范围内。然而，随着改革开放的深入，中国和国际接轨日益增多，刑法学领域的涉外事件时有发生。我先人一步关注到国际刑法学，在为研究生选择课题时，有意识地给学生布置一些可能涉及国际刑法学范围的题目，引导学生们用全球化的眼光来看待刑法学发展。此外，还特别就国际刑法专题的研究，开展了一系列讲座。这些讲座在学界中引起了不小的反响，也引领大家将目光投向国外，为后来我国的国际刑法学研究打下了基础。我后来在国际刑法研究上取得了些小成就，被人抬称为"国际刑法学研究中国第一人"。说心里话，名不符实，愧不敢当。

傅 您是何时担任博士生导师的？

高 《中华人民共和国学位条例》和《中华人民共和国学位条例暂行实施办法》出台后，教育系统的许多工作都有了依据。随着研究生教育逐步成熟，中国教育系统开始对研究生作了博士、硕士的区分。与博士、硕士分类工作同步启动的，是国务院学位办在《中华人民共和国学位条例》和《中华人民共和国学位条例暂行实施办法》实施后不久，公布了第一批博士生导师名单，当时只有史学、考古学、法学等12个专业有博士生导师,法学专业的博士生导师只有张友渔、陈守一两人。1984年,随着研究生教学体系的日趋健全,中国的法学领域迎来了又一次博士生导师评定工作。在中国人民大学,仅有两位教授获得了法学博士生导师的职称,其中一位是法制史的教授张晋藩,另一位就是我。我也因此成为新中国刑法学第一位博士生导师,结束了中国不能培养刑法学博士的历史,中国刑法学教育机制终于趋于完善。这一年,我还获得了国家级"有突出贡献的中青年专家"荣誉称号。

与此同时,随着新中国第一届刑法学硕士研究生毕业,我又开始面对指导博士生的新岗位和新的学生。我指导过的硕士研究生有的走上了工作岗位,也有的表示愿意继续跟着老师深造。按照教育部门和中国人民大学的规定,我在这一届只能招收两位博士生,无法完全满足学生们的愿望。在博士生的指导和教育方面,我是一位不折不扣的新手。当时,政府部门无意就这方面安排什么出国考察、学习,如果说,研究生教育,我还有自身当年读研的经历,还可以换角度借鉴的话,针对博士生教育,对我而言是真正的一片空白。

傅 您是何时担任国务院学位委员会学科评议组成员的?担任之后主要从事哪些工作?

三、传道授业培育英才,传授刑法学理论

高 1984年,国务院学位委员会召开第二次(扩大)会议,制定学科目录,在法学学科之中包括刑法学学科。国务院学位委员会是与教育部密切相关的国务院直属单位,所有成员的任免均须经过国务院审批。在这次会议之后,国务院学位委员会颁发了第二届学科评议组成员名单,我名列其中,并被指定为法学评议组召集人。国务院学位委员会成员的任务不算繁重,却是个非常严肃的岗位,成员要按时出席一些会议,及时处理政策修改、学位审批等事务。这些会议上讨论的,往往是学术界和教育界遇到的问题和下一步发展计划,与中国的千百万莘莘学子息息相关,也与教职人员联系紧密。学科评议组则是专门评审博士点(开始一段时间还评审硕士点)和博士生导师资格的机构。我深知这项工作关系教书育人的长远意义,故不敢有丝毫马虎,每个落实到我身上的任务,都认认真真、保质保量地完成。后来,国家出于对博士、硕士培养的重视,允许各知名高校自行设立博士研究生教学点和硕士研究生教学点,但必须上报国务院学位委员会审批。国务院学位委员会据此进行相应的调查和研究,决定是否同意设立。在此后的短短数年之间,我国研究生教育得到迅速发展,考虑到实际情况和需要,国务院决定放开硕士研究生教学点的设立权限,随后把博士研究生教学点的设立权限也交给知名高校,国务院学位委员会学科评议组只负责一级学科博

士点的评审工作。

我先后担任第二、三、四届国务院学位委员会学科评议组成员和法学评议组的召集人,时间跨度是1985年至2003年。担任此项工作,从某种角度上说,也具备了一定的评审权力。出乎意料的是,在我履职不久,竟然有人给我递材料、送礼,请求我能利用职务上的便利条件,提出一些倾向性的意见。当然,这些都被我拒绝了。我想,既然组织信任我,请我担任学位委员会学科评议组成员职务,就应该站得正,行得直,客观公正办事,这也是法律人应当具备的基本素养。

傅 您指导过的博士生都说您指导他们时,有一套"独门秘籍"?

高 哪有什么"独门秘籍"。带博士生也是我人生当中无数个第一当中的其中之"一"。我身处刑法学界多年,深切地感受到,必须站在国际化的高度来看刑法学博士生教育。这个时期中国的刑法学术水平,在国际上还处于相对落后的地位。我指导的学生们作为中国第一代博士不仅是将来中国学术研究的中坚力量,还肩负着赶超发展的历史责任。我作为博士生导师,同样不仅只是一个师者,还是学术传承的关键节点,中国刑法学研究的队伍,将在我与他们这一代学者手上开枝散叶。因此,必须做好周详的教

三、传道授业培育英才,传授刑法学理论　097

学计划,不能浪费学生的时间,确保他们学有所成。博士毕业后,一般都不会再在学校接受教育(那时还没有博士后的机制),而是走上工作岗位。我必须尽平生所学,在倾囊传授知识的同时,还要培养他们的独立研究能力和钻研精神,确保将来他们学成之后能独当一面、有所作为。

傅　您在指导博士生时,有哪些心得?

高　实际上,指导博士生的过程中,也是"摸着石头过河",一步一步走过来的。

20世纪80年代,高铭暄先生与其指导的四位博士生在研讨刑法问题(左起:姜伟、陈兴良、高铭暄、赵秉志、周振想)

我在指导博士生期间,继续采取文献综述的教学方式,还摸索创造出"三三制"课堂。所谓"三三制",就是先设定一个课题,交由某位博士生,让他在限定时间内做好资料收集、实例调查和观点分析等工作。经过充分准备后,这位博士生来到课堂上,必须在一个小时之内,向老师和同学们进行综述,说明这个课题的有关内容,并提出自己的观点和论据。听了这位博士生的发言后,在座的其他博士生可以针对他的观点和材料收集情况,进行一个小时左右的评价、补充和反驳。最后的一个小时,由教授发表意见,重点对那位博士生的研究情况进行点评,也对其他同学的意见给出相应的解答。"三三制"就是利用三个小时,从三个方面来分析研究一个课题,既能引导博士生做好科研,还让同学之间进行充分的沟通,相互启发、相互提升。老师在课堂上是导演,仍起着主导作用。在同期同班博士生之间,轮流作综述发言,共同完成每个学期的"三三制"课堂。这个方法非常实用,与文献综述一样,在学界受到欢迎,也被许多其他博士生导师所借鉴。

"三三制"看似对学生提出要求,其实最难的还是在导师对课题的选择。在刑法博士生教育启动不久的早期,中国刑法学研究较为单薄,大部分领域还无人耕耘,课题设定的范围很广泛,随手拈来就是一个好题目。数十年教书育人以后,中国刑法学发展突飞猛进,各个领域都有专家和独树一帜的见解,好课题早就被反复研究,难以再进行延伸。一个经得起反复思考、反复讨论的课题,必须充满新鲜感,有充分的可延伸性,还必须与社会实际接轨。

三、传道授业培育英才，传授刑法学理论

这样一来，课题的设定范围就变得狭窄。但我始终坚持"三三制"课堂，每次都是费尽心思去准备，直到找到能为学生提供广阔思考空间的课题，从而使他们得到优质的教育效果。

博士研究生的来源，比本科生和硕士生相对复杂。除了部分是直接从硕士研究生毕业而来之外，还有不少生源来自社会各界，他们或是已经有过工作经历，出于各种原因再度走进校园；或是已经有了家室，需要照料家庭生活。他们的目的也不尽相同，有些是来学习新知识，为了下一步能找到更好的工作，或者是满足自己岗位提升的需求；有些是出于对这个专业的热爱，愿意倾其一生来研究和付出；甚至试图来混张文凭的，也不乏其人。

在博士生进门求学之初，我首先让他们了解作为一名刑法学博士生，应该在就读期间完成哪些任务。要求每位博士生根据这些学习任务和课程安排，结合各自的情况，拟定一个就读博士生期间的总体学习计划，写明每个学期可能完成的任务，以及博士毕业时可能达到的科研水准。无论带着什么目的来读书，进入我的门下，就绝不允许以混文凭的态度来虚度光阴。

每个学期，我都会针对学生的特点，和他们进行两三次单独谈话，了解他们的学习进程、遇到的困难，交流学习心得乃至生活情况。在每个学期结束时，我会就学生的

学习计划和实际成效进行对比，对超越预期成绩的学生进行表扬，鼓励他们向更高的目标前行。

傅 据说，您在对博士生的指导中对他们的论文写作提出了较高的要求？

高 论文写作，可以说是博士生研究水平的一面镜子，从一个侧面反映了研究生的研究能力。为提高他们的研究能力，对他们的论文写作提出一定的要求，是一个很好的抓手。我不厌其烦地叮嘱他们要做到"多读、多写、多发表"。因为，没有足够的知识积累，就不可能创建真正属于自己的学术体系；多读书才是知识积累的唯一途径，也是完成文献综述的必备手段。但每个人的时间都很有限，不能是书就读，而是要尽量读好书，在有限的时间内取得最好的成效。我要求学生们选对书、选好书，把阅读书籍锁定在学术的经典著作和精品文章上，所谓"要言不烦"，好书和好文章总是能在尽量少的篇幅内，传递大量的信息；那些观点模糊、人云亦云的书籍和文章，就算很认真地阅读，也只能是浪费时间而获益不多。

现代法学的源头，根植于西方国家，而且各国的法学发展各具特色，在全球化日渐加速的当下，要做好刑法学研究，就必须拥有世界的眼光和角度，不仅要看中国固有的法学文献，还必须多多阅读外国的法学典籍。我虽然初步具备俄文和英文的阅读能力，但一直认为自己的外文不够好，为不能阅读更多的外国法学典籍原文而深感遗憾。在对博士生的指导上，我总会告诉学生自己的不足和遗憾，希望他们不要被相同的不足所束缚，努力提升外文水平，尽量做到阅读法学典籍的原文。我会给学生们开出一系列法学名著的书单，让其作为学习任务来完成。在做好"读"的基础上，我还要求每位博士生最好能进行一些法学文献翻译的工作，翻译的过程，既提升了外语水平，又能加深对文献的理解，是非常有益的活动。

读了将近20年的书，一路晋升到攻读博士学位，应该开始进入厚积薄发的阶段。在读和学之余，我要求博士生还要勤于笔耕，把自己历年所学所思写出来、发表出来。公开发表文章，一方面可以引发和督促自己更加勤奋；另一方面也是展示自己的学术成果，接受公众的检验，可以为将来的学术地位打下一点基础。

尤其是博士学位论文。它代表着每位博士生的水平，我也把指导博士生写学位论文视为博士生培养中最重要的方面。人说"万事开头难"，一篇博士学位论文写下来至少要十几万字，如果没有好选题，开了头就无法往下写，那才叫难上加难。为博士学位论文的选题而苦恼，是博士生中常有的事。我指导过的每位博士生在就读时，每年都会与我进行几次谈话，其中最重要的内容，就是围绕如何选定论文的题目。我希望博士生在学位论文的选题上，要兼顾理论和实践两方面的意义，为即将产生的论文留下广阔的空间；论点新鲜诚然好，但新的同时还要有内涵，不能为了新鲜而新鲜，那会导致论文内容空泛、虚浮；也有学生拿不定主意，在几个选题之间翻来覆去地变化，我就帮助他们分析利弊，引导他们作出更加精确的选择。

我非常注重培养学生的独立思考能力，鼓励学生要有自己的想法，老师不能太过于拘束学生，多听听他们的写作框架，了解他们收集资料的情况，只要把握大方向就好。我不希望学生一味地附和老师的观点，最好能在前人研究的基础上，力求有所创新，这样才能解决更多学术问题。

改革开放初期的博士生，大量的学术空白等着他们去填补，博士论文的选题大多从宏观角度来设定。近年来，我国刑法学研究在各个层面上都取得了良好的成效，宏观题目上的发挥余地已经不大，继续选择大题目来写论文显然不明智，博士生们自然而然地把选题往微观角度靠拢。

对博士生导师而言，审阅博士学位论文是指导博士生过程中最重要的环节。我要求自己每年必须拿出数个月的时间专门用来审阅论文，在每篇论文的审阅上，我几乎做到了逐字逐句地看，连标点符号都不放过。我一直喜欢做笔记，在审阅论文时也是边看边记，把审阅中发现的问题和意见一一记录下来。通篇读完之后，我就根据阅读印象和笔记,对论文作出评价,再和学生沟通如何进行修改。个别修改范围较大的论文,我会让学生修改完毕后,拿来重新审阅。

我招收的一位博士生,专业知识掌握得非常到位,但文章写得很乱,无奈之下,我只好督促他反复地训练,最后总算达到要求,顺利通过了学位论文答辩。我的另一位博士生,学术研究上颇具见地,但是,把观点变成论文写出来时,表述就不太一致,而且标点符号用得极其不规范,除了段落结尾用句号,通篇就只有逗号。在文章中,标点符号与文字都具有表达文义的作用,标点符号使用上出现错误等同于错别字,极可能造成逻辑上的问题。为此我多次提醒他。记得有一次,我和这位博士生合作写过一篇论文,该博士生负责的部分大概有7 000字左右。一个月后,该博士生按时把稿子发给了我。一周之后,我打电话约他:"有空来见个面。"他来到我家,我像往常一样,早已备好了茶水,说:"别急,先喝杯茶。"然后拿出文稿给他看,一边说:"我年纪大了,肺活量不够,这么一气不歇地读下去,都快接不上气了……"这位博士生看着稿纸上满是红笔修改的标点符号,满脸通红,讪讪地笑了。之后他再也没犯过类似的错误。

在对博士生的指导中,我每次都会对新招的博士生强调,写作能力是学术研究中非常重要的一方面。一个人,无论拥有多么高明的学术见解，如果不能很好地表述出来，对整个社会的进步毫无用处，那么所谓的学术又有什么意义呢？想要成为刑法学博士，不能只靠背诵法律条文和课本，自身必须有一些硬本领。我曾经应邀为《中国大百科全书》撰写过词条，我发去的文字被编辑修改之后，显得更加简练、精确，也凸显出我的文字水平还有提升的空间。为此我更加注重提高自己的文字水平。为了引起刑法学博士生的警醒，我现在经常拿这个例子讲给学生听。近年来，我在北京师范大学招考刑法学博士生时，要对博士生的作文水平进行考核。试卷中给考生两个题目，可以从中二选一，写一篇 3 000 字以上的小论文。如果连这样的论文都过不了关，那么，攻读刑法学博士的希望也就渺茫了。

虽然学生中存在各种各样的情况，然而幸运的是，经我指导的博士生，大部分的学位论文都获得了好评，从未出现过未通过答辩的现象，有个别学生的学位论文还被评为全国优秀博士论文。

傅 听说您带的博士生，常常跟您参加一些科研项目，受益良多？

高 随着我学术能力的提升，担任相关科研项目负责人的机会渐渐多了起来。为了满足科研项目的需求，也为了让博士生能够得到更多的锻炼，我经常有选择地吸收在读博

三、传道授业培育英才,传授刑法学理论

士生参加项目。一个科研项目从头至尾的全过程中,有大量程序性手续需要办理,每次参与都是难得的锻炼机会。一个好的科研项目,在进展过程中,往往有机会与学界的顶尖专家学者会面,可以感受到他们的科研方式和思维方式,接触到许多值得学习的好经验。项目完成后,博士生还能根据自己的付出,获得一定的劳务收入和学术声望。优秀的科研项目还可能获得奖项,参与项目的博士生也随之获得荣誉。

我要求自己的教学风格做到厚重平实,在教书育人的同时,不断学习和科研,确保自己知识的储备量并且及时更新。因为我深感到,唯有厚重的学术修养,才能更好地教育学生。我从不限定学生的来访时间和次数,只要能腾出时间,我总是乐于和学生相处,无论是学问上的释疑解难,还是日常生活中的困惑,我都愿意帮助分担。有些重要的刑法学术会议,常常把我列入邀请名单。只要我的博士生有时间,且举办方允许,我就会带着学生一起参加。会议上发放的材料往往是极具学术价值的文章,与会专家针对议题的发言,大多经过精心的准备,都算得上是一家之言,这些对一位初窥学术研究殿堂的博士生都大有裨益。如果有可能,我还会安排学生发言,让学生也尽早地获得磨砺的机会。

傅 您和您的博士生合作出版一些著作,请您谈谈这方面情况?

高 "文革"之后,我承担了不少科研项目,又有教学任务要完成,工作非常繁忙。我在科研中常常会发现值得去深挖的题材,就选中一位或几位在读博士生,请其考虑与我合作出书,全书框架由我设计,书稿的主要撰写任务由博士生完成,而我则负责解决博士生在写作过程中遇到的难题以及全书的审阅和统改工作。接触过文字工作的人都知道,修改往往比写作更累人。全书完成后,我还会叮嘱学生,要将修改前和修改后的稿子对照着认认真真地看一看,原来是怎么写的,老师为什么要进行这样或那样的修改。这样,无异于为学生系统地上了课。出版后拿到的稿费,我从来都是按照写作的篇幅来分,尽可能地让学生更多得益。

有些学生非常辛苦地写成了论文,我阅读后认为有价值的,就建议他们去发表。按照一些专业杂志的惯例,对初出茅庐的学生大多抱有迟疑态度,素有名望的学者发表文章就容易得多。我为了让学生能够更加便捷地发表,就对文章进行修改和梳理,按约定俗成的惯例,把名字署在首位。个别的文章,我也曾经主动要求列入第二作者。这类文章的稿费,我分文不取,全部给了学生。学生心中明白老师付出的辛苦，往往推辞不多拿。我从来坚持我的原则，说服学生收下。

培养指导我的学生们，是我一生中最大的乐趣和成就。刑法学界都知道，我培育的博士，较早就接触到学术界名家，见识过各种科研场面，出过书、发表过论文，这一切，对博士生而言，都是极为难得的锻炼机会。毕业后来到工作岗位，非常容易上手。

四、潜心刑法理论研究,建立中国特色的刑法理论体系

傅 您是中国刑法学研究会的主要创始人，请您介绍一下研究会的情况？

高 现在的中国刑法学研究会，在成立之初叫"中国法学会刑法学研究会"，当时属中国法学会的系列研究会之一，也有人称其为二级学会。中国法学会刑法学研究会是中国法学会下属的从事刑法学研究的全国性学术研究团体。

中国法学会刑法学研究会第一次代表会议于 1984 年 10 月 21 日至 23 日在四川省成都市举行。此次会议选举产生了由 30 位专家学者组成的第一届干事会，并聘请王怀安（时任最高人民法院副院长、咨询委员会主任）、甘雨沛（北京大学法律系教授）等几位老前辈担任顾问。我首次当选为总干事，杨春洗（北京大学法律系教授）、曹子丹（中国政法大学教授）、马克昌（武汉大学法律系教授）、单长宗（中国高级法官培训中心教授）当选为副总干事，杨敦先（北京大学法律系教授）当选为秘书长，由正副总干事和秘书长组成常务干事会。

中国法学会刑法学研究会第二次代表会议于1987年10月13日至17日在山东省烟台市举行。此次会议选举产生了由54位专家学者组成的第二届干事会，并聘请王怀安、贾潜（司法部顾问）等几位老前辈担任顾问。我再次当选为总干事，丁慕英（中国高级检察官培训中心教授）、马克昌、苏惠渔（华东政法学院教授）、杨春洗、杨敦先、单长宗、曹子丹当选为副总干事，杨敦先教授兼任秘书长，马登民（中国政法大学）、李文燕（中国人民公安大学）、赵秉志（中国人民大学法律系）先后被聘任为副秘书长，由正副总干事和秘书长组成常务干事会。

中国法学会刑法学研究会第三次代表会议于1991年11月11日至15日在广东省广州市举行。此次会议选举产生了由71位专家学者组成的第三届干事会，邓又天（西南政法大学教授）、甘雨沛（北京大学法律系教授）等8位老前辈担任顾问。我第三次当选为总干事，丁慕英、马克昌、杨春洗、杨敦先、苏惠渔、单长宗、曹子丹、高格（吉林大学法学院教授）当选为副总干事，杨敦先教授兼任秘书长，马登民、李文燕、赵秉志被聘任为副秘书长，由正副总干事和秘书长组成常务干事会。

中国法学会刑法学研究会第四次代表会议于1996年11

四、潜心刑法理论研究，建立中国特色的刑法理论体系　113

月 5 日至 10 日在四川省乐山市举行。此次会议选举产生了由 87 位专家学者组成的第四届干事会，并聘请梁国庆（时任最高人民检察院副检察长）、刘家琛（时任最高人民法院副院长）等 16 人担任顾问。我第四次当选为总干事，丁慕英、马克昌、李淳（时任全国人大常委会法工委正局级巡视员）、杨春洗、杨敦先、苏惠渔、单长宗、陈明华（西北政法学院教授）、赵秉志、高格、梁华仁（中国政法大学教授）等 11 人当选为副总干事，秘书长由当年负责筹备召开年会的副总干事兼任，聘请张军（最高人民法院）、胡云腾（中国社会科学院法学研究所）、刘生荣（最高人民检察院检察理论研究所）、阮齐林（中国政法大学）担任副秘书长，由正副总干事组成常务干事会。

2000 年 7 月 26 日，经中国法学会批准，中国法学会刑法学研究会干事会改称理事会，常务干事会改称常务理事会，正副总干事改称正副会长，干事改称理事。

2001 年 10 月 15 日至 19 日，中国法学会刑法学研究会第五次代表会议在山东省济南市举行。此次会议选举产生了由 95 位专家学者组成的第五届理事会。聘请我和马克昌担任名誉会长，聘请曹子丹、邓又天等 19 位学界前辈或中央法律机关的专家型领导担任顾问，赵秉志当选为会长，陈明华、陈兴良（北京大学法学院教授）、胡云腾（中国社会科学院法学所研究员）、姜伟（最高人民检察院公诉厅厅长、教授)、郎胜(全国人大常委会法工委刑法室主任)、李希慧(武汉大学法学院教授)、刘宪权(华东政法学院教授)、阮齐林、吴振兴(吉林大学法学院教授)、张军(最高人民法院刑二庭庭长,后改任最高人民法院副院长)10人当选为副会长,阮齐林教授兼任秘书长,聘请卢建平教授兼任常务副秘书长,聘请梁根林(北京大学法学院副教授)、莫开勤(中国人民公安大学法律系副教授)、周光权(清华大学法学院副教授)、王秀梅(中国人民大学法学院副教授)担任副秘书长。

2011年10月21日至23日,中国法学会刑法学研究会在重庆市召开2011年全国刑法学术年会,来自全国刑法理论界和实务界的400余位专家学者出席此次盛会。会上,按照民政部的要求和中国法学会的部署,在中国法学会刑法学研究会的基础上,经第一届第一次会员大会选举成立了取而代之的中国刑法学研究会。154位专家学者当选为中国刑法学研究会首届理事会理事,并由理事会选举出会长赵秉志、常务副会长陈泽宪、副会长卢建平等以及常务理事和秘书长,同时通过了首届理事会聘任的名誉会长、顾问、学术委员会和副秘书长名单。我和马克昌在该会上被聘为名誉会长。

傅 这一届年会具有特别意义,在此次会议后,原"中国

四、潜心刑法理论研究，建立中国特色的刑法理论体系

法学会刑法学研究会"正式更名为"中国刑法学研究会"?

高 对的。

2016年10月15日，中国刑法学研究会第二届会员代表大会暨2016年全国刑法学术年会在武汉市召开，大会通过选举产生了中国刑法学研究会新一届的理事会成员，我担任名誉会长，赵秉志教授担任会长，陈泽宪教授担任常务副会长，陈忠林教授、贾宇教授、刘宪权教授、莫洪宪教授、张明楷教授等人当选副会长。

从1984年研究会成立，到2011年研究会更名，再到2016年选举出新一届（连同以前也可说是第七届）理事会班子，经过了33年。其间，我担任了四届共17年的会长（总干事）。研究会从小到大，由弱到强，发展势头很好，现在仍在上升期。

中国刑法学研究会自1984年成立以来，先后开了33次学术年会（1985年因缺乏经费未召开），我参加了32次（1988年因家人生病未参加）。中国刑法学研究会的成立，为刑法学界的同仁提供了一个研讨交流的平台，使原先各自为政的研究个体，拧成了一股绳。全国每年一度的学术年会和不定期的刑法学术研讨活动，吸引着越来越多的刑法研究者和司法实务工作者的参加。通过研究会的组织协调，完成和攻克了许多研究课题，成为中国法学界规模最

大、研究活动最规范、最具活力的研究会之一,走在了中国法学诸研究会的前列。

傅 我试着归纳梳理您的主要学术思想,您看对吗?您的学术研究主要围绕国家法治完善与公民权利保障,研究方向涉及中国刑法学、国际刑法学、刑事政策学等学科。此外,还系统梳理了新中国刑法学研究发展繁荣的脉络和足迹,填补了新中国刑法学研究史的空白。

(一) 刑法基本理论问题

在对刑法基本理论问题的研究上颇有造诣,最早提出将犯罪、刑事责任和刑罚视为三个不能互相替代的概念,并以此为起点展开了刑法学的体系性研究:

1. 刑法观念。20世纪90年代,就根据时代特点和中国刑法学研究状况,总结了应当树立的十大刑法观——经济刑法观、法制刑法观、民主刑法观、平等刑法观、人权刑法观、适度刑法观、轻缓刑法观、效益刑法观、开放刑法观和超前刑法观。

2. 犯罪概念。揭示了中国刑法中犯罪概念的基本属性(行为的社会危害性、刑事违法性、应受刑罚惩罚性)并且进一步明确了三个属性或特征之间的紧密关系,是我国刑法学基本理论的奠基之作。

3. 社会危害性理论。坚持对社会危害性概念进行解

四、潜心刑法理论研究，建立中国特色的刑法理论体系

释，必须面对犯罪事实和必须尽量朝着合目的的方向进行解释的两个基本立场。

4. 犯罪构成理论。四要件犯罪构成理论是一种历史性的选择，具有历史合理性；符合中国国情，具有现实合理性；逻辑严密、契合认识规律、符合犯罪本质特征，具有内在合理性；与德、日三阶层犯罪论体系相比，相对稳定，适合中国诉讼模式，具有显著的优势。

5. 刑事责任理论。刑事责任是介于犯罪与刑罚之间的桥梁和纽带，"罪—责—刑"的逻辑结构是整个刑法内容的缩影，主张改变静态的研究方法，加强刑事责任理论的探索，注重具体问题的解决。

（二）刑法立法问题研究

作为自始至终参与新中国第一部刑法创制的唯一学者，对刑法立法问题的研究是其研究的重点。

1. 刑法立法的根据和原则。刑法立法至少包括宪法根据、实践根据、政策根据和理论根据四方面的依据。在刑法立法工作中，必须坚持立法权限的集中性原则、立法思想的一致性原则和立法内容的必要性原则。

2. 刑法立法的技术。刑法立法是一门高深的学问，在刑法立法技术方面，要注意表述明确、术语统一、界限清晰、内容可行以及立法科学等。

3. 刑法立法的经验。一是立足我国国情；二是尊重人

民意志；三是逐步完备；四是适应形势便于执行；五是立法准备充足；六是立法程序民主；七是吸收专家参与；八是联系实际适时修改；九是注意对相关的法律法规和政治的学习。

4. 刑法立法修改完善的思想与方向。刑法的立法修改完善，要注意坚持在适应社会主义市场经济发展和民主政治建设步伐的基础上，总结国内经验教训，借鉴国外成功范例和有益经验的思想。在刑法的立法完善方向上，要注意：一是把握刑法打击锋芒，宽严相济；二是在定罪量刑的基础上，应当由行为社会危害性中心论转向以行为社会危害性为主、兼顾罪犯的人身危险性；三是刑罚由严厉封闭向缓和开放转变；四是在犯罪适用范围上，由只注重国内犯罪，向同时也注重国际犯罪和跨国、跨地区犯罪转变。

高 可以，基本内容都说到了。

傅 有人形容您的刑法研究是"顶天立地"的，也就是说，您既关注刑法立法，又注重刑法的适用。您能否用最简短的语言，概括您的刑法理论的主要观点？

高 由于我自始至终参与了新中国第一部刑法即1979年《中华人民共和国刑法》的创制工作和1997年《中华人民共和国刑法》的修订工作，因此我对刑法立法的理论和实务情有独钟。

四、潜心刑法理论研究,建立中国特色的刑法理论体系

  如果用最简单的语言概括我的刑法理论主要观点的话,那就是:坚持并倡导罪刑法定、罪责刑相适应、适用刑法人人平等、刑罚人道主义等基本原则;坚持刑法的职能是保护社会和保障人权并重;坚持实质和形式相统一的犯罪概念;坚持主客观要件有机统一的犯罪构成理论;坚持定罪归责量刑必须做到事实清楚、证据确实充分、程序合法、裁量适当;坚持治理犯罪必须运用综合手段,刑法是必要的,但又是有限的、谦抑的,刑法的干预要适度;坚持刑罚的目的是通过惩罚和矫正,实现特殊预防和一般预防;坚持从中国国情出发,严格控制和慎重适用死刑,逐步减少死刑,直至最后废除死刑。以上八个"坚持",可以说代表我的主要学术观点,也是我著书立说着重阐发宣扬的。我自己会为实现这些主张而努力奋斗,终身不懈。

傅 针对现实中出现的刑法学理论问题,及时提出自己的观点和主张,这是您的学术研究"接地气"的特点,您在哪些问题上提出了自己的观点?

高 这方面就比较多了。因为刑法是应用性很强的法律,在立、改、废、释的每个环节无不伴随着争议。这是它的性质和功能决定的。有争议应该说是好事,问题越辩越明嘛。作为一名刑法学者必须有自己坚定的政治信仰和严谨的学术风范。作为刑法战线上的一名老兵,对于一些关键

性的问题,还是应当"发声"的。例如,有一个时期,刑法学界对"一罪与数罪"有很多争议,直接影响到司法实践中定罪量刑的具体运用。我就在《人民检察》上发表了题为"谈谈我国刑法中的一罪与数罪"的文章。在这篇文章中,我提出了区分一罪与数罪的标准——犯罪构成,并归纳了包含数个犯罪行为但在立法上不作数罪而作为一罪来处理的三种类型,对这三种类型中的九种情形展开具体论述,从理论上基本厘清了实质一罪与实质数罪的界限,也减少了司法实践中的相关争议和困惑。这篇文章在当时理论界和司法实务界都产生了比较大的影响。之后,我在不同时期,对刑法理论研究和刑法的适用等不同问题,仅在《人民检察》上就发表了12篇论文,读者反映还不错。

傅 我记得您曾经说过:"犯罪构成四要件理论是'历史的选择',也经历了'历史的考验'的?"

高 是的,我确实说过,这是不争的事实!

傅 三阶层犯罪成立体系曾经一度成为刑法学界的"流行语",尤其是对当时参加司法考试的学生和年轻人来说,曾产生重大影响,有的人甚至认为,我国现行的犯罪构成四要件理论过时了,应退出历史舞台了,对此您怎么看?

高 在这件事情上,我的态度很明朗:犯罪构成理论不仅仅是刑法学术研究的基石,而且是刑事法治建设的基石。

四、潜心刑法理论研究,建立中国特色的刑法理论体系

我国刑法学犯罪构成理论体系是在学习借鉴苏联刑法学犯罪构成理论成果和总结中国社会主义刑事法制科学经验基础上形成、发展和完善起来的,对于中国刑法学术研究和司法实践都产生了重大而积极的影响。我国刑法学犯罪构成理论同样能够反映定罪过程,兼容出罪功能,只是在思考逻辑上与德、日刑法学犯罪论体系有所区别。四要件犯罪构成理论是一种历史性的选择,具有历史合理性;符合中国国情,具有现实合理性;逻辑严密、契合认识规律、符合犯罪本质特征,具有内在合理性。与德、日三阶层犯罪论体系相比,相对稳定、适合中国诉讼模式,具有优势。当前我们应坚持"罪—责—刑"的中国刑法学体系。三阶层犯罪成立体系作为一种学术观点,我们可以本着"百花齐放,百家争鸣"的方针,进行研究,吸取其合理部分,但近来主张彻底否定中国刑法学犯罪构成理论转而全面移植德、日刑法学犯罪论体系的"移植论",缺乏严谨性和务实性。主张取消四要件犯罪构成理论,推翻现行中国刑法学体系的观点是不可取的。我国犯罪构成理论需要完善,但完全没有必要推倒重构,没有必要照搬大陆法系相关理论,拾人牙慧。我曾独立署名,先后在《中国法学》2009年第2期上发表"论四要件犯罪构成理论的合理性暨对中国刑法学体系的坚持"、在《刑法论丛》2009年第3卷上发表"对主张以三阶层犯罪成立体系取代我国通行犯罪构

成理论者的回应"、在《法学》2010 年第 2 期上发表"关于中国刑法学犯罪构成理论的思考"等论文，系统阐明了我对该问题的观点。

傅 就这事，在 2009 年在昆明召开的全国刑法学术年会的前一天，还召开过专题座谈会，当时我也参加了，您还记得吗？

高 是的。2009 年 8 月 18 日，由北京师范大学刑事法律科学研究院与武汉大学刑事法研究中心共同主办的"'新中国犯罪构成理论 60 年'学术座谈会"在昆明召开。该研讨会由我和马克昌教授共同担纲主讲。120 余位专家学者会聚一堂，共同就这一热点问题进行了广泛、热烈而深入的研讨。马克昌教授指出，三阶层犯罪论体系自诞生以来，已经过多次变化，不可能有绝对唯一的犯罪论体系，而且，无论是哪种三阶层犯罪论体系都有其缺陷甚至重大缺陷。我国现阶段通行的四要件犯罪构成理论有其内在合理性，虽然有所欠缺，但可以通过不断发展完善来解决，而不应完全照搬外国的犯罪构成理论。大家达成共识：在刑法理论研究中，各种不同学说当然可以并存共荣，这是毫无疑问的。就此问题进行研讨，绝不是要争高论低，而是为了树立法学研究的正常风气。学术理论研究，应当提倡百花齐放、百家争鸣。但是，任何一种学说的传播都应当有其

四、潜心刑法理论研究,建立中国特色的刑法理论体系

正当的途径。只有在这样的理论传播与争鸣中,才能坚持真理,修正错误,使真理越辩越明,并不断地得到弘扬。

傅 您认为我国现实中通行的刑法学体系,还需改进和发展吗?

高 尽管中国刑法学体系还存在一些或此或彼的问题,但这些问题是可以通过完善加以解决的。就中国刑法学体系而言,目前最重要的不是以一套其他体系加以替代,而是需要充分认识其合理性,正视其不足之处,认真研究、完善,在改革中继续加以坚持、发展。任何事物或理论都有一个不断发展的过程,必须不断完善、发展,我国的刑法学体系也不例外。我认为,我国的刑法学体系必须:

1. 加强对中国刑法学体系动态性任务的研究。目前中国刑法学体系对犯罪论、刑事责任论、刑罚论三者动态性任务即定罪、归责、量刑、行刑等体现不够,今后要加强这方面的研究,使中国刑法学体系既生动地描述犯罪构成、刑事责任、刑罚本质、刑罚目的等静态理论内容,又充分地展示认定犯罪、确定责任、决定刑罚等动态过程。目前量刑论的研究应该说还是比较充分的,在体系中也有一席之地,但定罪、归责、行刑等,通行的刑法学教材都难觅踪迹或语焉不详,将来是否可以考虑在体系中为它们设专章予以阐明,值得进一步研究。

2. 加强对刑事责任论的研究。在目前犯罪论、刑事责任论、刑罚论的三大理论板块中，刑事责任论的研究是最为薄弱的。一定意义上可以说，刑事责任的基本理论范畴还没有建立起来。我十分注重刑事责任问题的研究，早在20世纪90年代初就曾多次撰文研究刑事责任问题。同时，我也指导博士生进行过刑事责任的专题研究。

现有的研究成果中，我觉得有以下一些观点是值得重视并可以考虑在今后的刑事责任论中加以吸收的。首先，与犯罪论侧重于评价已经发生的行为不同，刑事责任的评价对象应当是实施了犯罪行为的人。通过对犯罪人的研究，考察其主观方面的特殊情况，在罪行决定刑事责任的基础上，进一步综合犯罪人的主观特殊情况，对刑事责任大小进行调整和修正。其次，与犯罪论的中心任务是定罪相比，刑事责任论的中心任务是归责，即在罪行确定后，国家考虑如何确定犯罪人的刑事责任问题。再次，如同定罪必须以四要件犯罪构成理论为判断依据，量刑必须通过以法定刑和量刑情节的运用为参考一样，归责也应当有自己的判断依据，即归责要素和归责体系。归责要素如何寻找值得进一步思考。有学者通过借鉴德、日刑法学理论，结合中国的实际情况，提出归责要素包括刑事归责能力、违法性认识、期待可能性、人身危险性、犯罪人获得的社会评价等五个方面，并通过主次地位的区别，将五者排列为一种

四、 潜心刑法理论研究，建立中国特色的刑法理论体系

体系，称之为刑事归责体系。这一思路很有启发性，当然，是否可行，还值得进一步推敲。

3. 加强对体系中具体问题的思考。泛泛地空谈体系的优劣是没有意义的。对体系的考察，必须与对具体问题、实践中问题的研究结合起来，做到在体系中思考问题，通过问题的解决完善体系。在此试举例予以说明。例如，刑事责任能力问题。一些学者提出我国刑法中刑事责任能力的处理存在不当之处，认为，"既然是犯罪以后才产生承担刑事责任的问题，那么，刑事责任能力问题当然也应当在犯罪之后才能论及。但我们现在的绝大多数教材在讲犯罪主体的成立条件时，就讲起了刑事责任能力的问题，而且是把它作为成立犯罪主体的条件"。"我国刑法理论是将辨认和控制自己行为的能力当成了承担刑事责任的条件。""混淆了行为（犯罪）能力与刑事责任能力的界限。"我们确实有这方面的问题，目前我国通行的刑法学教材，都是在犯罪主体中谈刑事责任能力问题，但恐怕刑事责任论中，刑事责任能力也是一个绕不开的问题。又如，实践中，有刑事责任能力的人帮助无刑事责任能力的人实施危害社会的行为，没有刑事责任能力的人不构成犯罪，有刑事责任能力的人如何处罚？1997年《中华人民共和国刑法》修订之前，规定从犯比照主犯来决定处罚，遇到这种情况就很不好办。1997年《中华人民共和国刑法》修订后，取消了

对从犯"比照主犯"来决定处罚的规定,在法律上解决了这一问题,但在理论上,如何加以准确的解释,也还值得进一步思考。还有期待可能性的问题。期待可能性是德国刑法学家借助"癖马案"提出的一个理论。近年来我国刑法学界对期待可能性理论相当关注,许多学者提出,不借助期待可能性,一些实践中的问题无法解决。是否真是这样?不借助期待可能性,是否可以运用我国刑法学体系中的其他理论加以解决?诸如此类问题,都值得深入思考。

傅 在2007年11月9日由北京师范大学刑事法律科学研究院召开的"和谐社会与中国现代刑法建设——纪念刑法典颁行十周年学术研讨会"上,您对刑法的修正提出了一些建议,在学界产生了较大影响,请您说说这事。

高 我在这个会上发言说:从我国现行的刑法立法看,毋庸置疑,有个别规定并没有完全做到理性的要求,受情绪的影响很大,比如我国的死刑规定,在我看来,刑法总则关于限制死刑的规定坚持了我们党一贯倡导的少杀慎杀的政策,是比较令人满意的,最大的问题就在于刑法分则设置的死刑罪名过多,有的犯罪甚至规定了绝对确定的死刑,这些死罪中,有的死刑就可能是受情绪影响的结果,比如《中华人民共和国刑法》第205条规定的虚开增值税专用发票、用于骗取出口退税、抵扣税款发票罪,实际上这种犯

四、潜心刑法理论研究，建立中国特色的刑法理论体系 127

"纪念新刑法典颁行十周年学术研讨会"部分与会人员合影（前排左起：黄风、莫洪宪、卢建平、赵秉志、马克昌、高铭暄、王作富、储槐植、张军、李希慧、李洁）

罪之所以被实施，在很大程度上应当归咎于经济管理层混乱和政策漏洞，要遏制必须强化管理系统，堵塞漏洞，重在源头上予以治理，而不是依靠极刑，而且事实也证明，在我国税务系统逐步建立起以增值税监控为目标的"金税"工程以后，除了税务工作人员内外勾结外，虚开增值税专用发票的犯罪行为是很难得手的。这说明，加强管理对防范经济犯罪的发生具有至关重要的意义。《中华人民共和国刑法》第295条规定的传授犯罪方法罪也是一个例子，最初是为了适应1983年"严打"斗争的需要，而在《关于严惩严重危害社会治安的犯罪分子的决定》中规定的，从实践中看这个罪的死刑是很少适用的，实际上几乎成了一个虚置的刑罚。因此，在全面修订刑法的时候，本来打算予以废止，但是，受死刑原则上不增不减这样的指示的影响，还是保留了下来。这种不顾具体情况的"一刀切"的做法是与立法的理性和科学要求不相符合的。再如，我国刑法关于国家机关作为单位犯罪的主体的规定，从世界刑法立法史来看可以说是绝无仅有，这种立法不仅缺乏法理依据，而且实践中难以操作，也容易招致严重的恶果，是有害的，因而对这种欠妥当的实践证明有害的立法，在适当的时机应该予以废止。

这次发言的某些观点，在此后的刑法修正案中被吸收和采纳。

傅 我国罚金刑立法改革存在哪些难题？

高 我国罚金刑立法改革存在的难题：一是关于罚金刑地位。虽然刑法总则明确将罚金刑限定为附加刑，但事实上刑法分则中关于9个单处式罚金刑（选科罚金制）的创制已明确表明了罚金刑在立法上超越了附加刑地位，即可以作为与主刑相并列的刑种。从另外一个角度看，刑罚轻缓化（恐怖主义犯罪等除外）已是当代世界潮流，附加刑地位会使罚金刑的功能大打折扣，同时也不能有效缓解我国刑罚结构整体偏重的局面。二是关于罚金刑的适用方式。

并处罚金刑在立法上存在诸多问题，如大量配置并处罚金刑不符合国际立法潮流，不符合我国刑事政策，不符合刑罚轻缓化要求，也不符合司法实践情况。三是关于罚金刑的适用范围。令人遗憾的是，《中华人民共和国刑法修正案（九）》没有增加过失犯罪的罚金刑配置。其既不符合刑罚配置的公正性与功利性要求，也不符合当今世界各国罚金刑立法潮流。

傅 您对我国罚金刑立法配置有何建言？

高 《中华人民共和国刑法修正案（九）》为不少犯罪配置适用罚金刑，说明立法机关重视罚金刑的作用，应当给予正面与积极的评价。但是，在如何设置具体罚金刑方面还存在诸多问题，需要进一步完善以便能够更加充分地发挥罚金刑在刑罚体系中的功能。我的意见：一是提升罚金刑的地位，将其上升为主刑。该主张具有现实根据和立法基础。一方面，刑罚轻缓化已成为世界立法潮流，罚金刑的运用具有历史的必然性。当前，正是由于罚金刑在刑罚体系结构中处于附加刑的地位致使单处罚金没有发挥的余地。另一方面，《中华人民共和国刑法修正案（九）》第4条已经突破了主刑之间不得并科的原则。显然立法者已经开始转变刑罚观念，某些主刑之间可以同时适用，这就使得罚金一旦列为主刑，仍不影响其可以并科。二是建立以选科为主、并科为辅、扩大单科的罚金适用模式。具体做法是:大量设置选科罚金制,在实践中重视和运用单处罚金,对刑法分则中带有拘役的条文,原则上均可以考虑增设单处罚金刑;适当减少并处罚金刑罪名,扩大单科罚金刑的罪名。三是进一步扩大罚金刑的适用范围。纵观我国刑法罚金刑适用的犯罪种类,可以适用罚金刑的过失犯罪仅有9个罪名。相比之下,可以适用罚金刑的故意犯罪却有227个罪名。当前,可以进一步考虑对过失犯罪配置罚金刑,重视罚金刑在过失犯罪中的运用。

总之,罚金刑立法改革是一项长期工程,不可能一下子达到尽善尽美。同时罚金刑的司法改革也应当与时俱进,与立法改革相互衔接。做到以立法带动司法完善,以司法实践促进立法改革,实现罚金刑立法与司法的良性互动。

傅 您对我国的反腐败刑事法治有何建言?

高 反腐败工作要坚持标本兼治、综合治理、惩防并举、注重预防的方针,扎实推进惩治和预防腐败体系建设,在坚决惩治腐败的同时,更加注重治本,更加注重预防。时至今日,我国反职务犯罪的实践按照惩治与预防并重的方针已经形成了具有中国特色的综合治理模式,这个方针准确反映了在社会主义市场经济条件下治理职务犯罪的特点和规律,为新时期我国惩治与预防职务犯罪提供了原则指

四、 潜心刑法理论研究，建立中国特色的刑法理论体系

导。标本兼治即惩治与预防相辅相成、相互配合，治标是惩治，治本是预防。申言之，只有严惩职务犯罪，有效遏制各种贪腐以及亵渎公务职责的行为，才能为预防提供坚固的后盾支持；只有防患于未然，从源头上消除职务犯罪滋生蔓延的动因，才能巩固和深化惩治效果，从而实现综合治理职务犯罪的理念。治理职务犯罪是一项复杂的社会系统工程，单靠刑事法律和专门机关的力量很难达到全面预防的效果，必须坚持刑事惩治与社会预防并重的治理方式，启动各种社会监督力量，形成多渠道、多层次的社会综合预防体系。

要把职务犯罪的预防工作扩展到非公有制经济领域。非公有制经济同国有经济、集体经济一样，都是我国社会主义市场经济的重要组成部分，经济在发展变化，这种发展变化必然要反映到作为上层建筑组成部分的"法"上面来，要求法与之相适应，否则法就不能达到为经济基础服务的目的。非公有制经济成分的迅猛发展和已经形成的社会地位，必然要求我们的立法、执法、司法和法律监督工作为其提供更好的服务。此外，还要完善非刑事立法与刑事立法的协调与衔接，形成体系完整的治理非国家工作人员职务犯罪的法律体系。必须建立、健全规范公司、企业工作人员职务行为的法律制度，完善惩治非国家工作人员职务犯罪的刑事法律，使非国家工作人员职务犯罪在刑法

规范的视野中受到同样的重视。

傅 您对我国现阶段非国家工作人员职务犯罪的惩治与预防有何建言?

高 当前,在国家和社会预防非国家工作人员职务犯罪基础薄弱的形势下,全面而有效地推进治理该类犯罪的任务尤显艰巨,单靠刑事法律的力量很难达到显著的效果,必须坚持法律预防、惩治与企业内部预防并重的治理方式,内外结合,形成多渠道、多层次的社会综合预防体系。具体来说,我有以下几点建议:一是完善私营部门制度建设,培植私营部门法律文化。公司法律文化是西方国家基于长期的公司组织形态的发展而形成的法律文化形态,公司法律文化体现经济自由、经济民主、经济权利平等、有限责任、诚实信用、法治经济、内部管理的牵制与制衡等一系列价值理念。二是延伸预防对象,加强非国家工作人员职务犯罪的预防与监督,把职务犯罪的预防工作扩展到非公有制经济领域。非公有制经济同国有经济、集体经济一样,都是我国社会主义市场经济的重要组成部分,经济在发展变化,这种发展变化必然要反映到作为上层建筑组成部分的"法"上面来,要求法与之相适应,否则法就不能达到为经济基础服务的目的。非公有制经济成分的迅猛发展和已经形成的社会地位,必然要求我们的立法、执法、司法

四、 潜心刑法理论研究，建立中国特色的刑法理论体系

和法律监督工作为其提供更好的服务。三是完善非刑事立法与刑事立法的协调与衔接，形成体系完整的治理非国家工作人员职务犯罪的法律体系。必须建立、健全规范公司、企业工作人员职务行为的法律制度，作为惩治职务犯罪刑事立法的前置性法律；还要完善惩治非国家工作人员职务犯罪的刑事法律，使非国家工作人员职务犯罪在刑法规范的视野中受到同样的重视。

傅 一度社会上有些人或社会团体主张废除嫖宿幼女罪，将其行为规定在强奸罪中，其中的理由之一是该罪对幼女有歧视性，应该进行去污名化处理，我怎么感觉这个理由并不充分呢。

高 这个问题还得从立法上规定这个罪的发展变化情况说起。嫖宿幼女罪是1997年《中华人民共和国刑法》修订时新增设的罪名，而在1979年《中华人民共和国刑法》中并没有关于嫖宿幼女行为的规定，司法实务部门对与幼女发生性关系的行为都是依据1979年《中华人民共和国刑法》第139条的强奸罪来处理，从重处罚。

1979年《中华人民共和国刑法》第139条的规定是以《中华人民共和国刑法（草案）》第三十三稿为基础的。我们国家从1954年开始草拟刑法，至1957年6月已拟出第二十二稿，当时的草案稿是将强奸妇女、轮奸妇女和奸淫

幼女分成3条来列明的，法定刑的起点分别为5年或7年有期徒刑，并且每条都规定了最高刑为死刑。在1963年10月拟出的《中华人民共和国刑法（草案）》第三十三稿中，将这3条合并为1条，并对加重情节和法定刑作了一些调整。立法工作机关当时基于对幼女的特殊保护，认为只要是与不满14岁的幼女发生性行为的，不论采用什么手段，也不论幼女是否同意，都应以强奸论处，并且从重处罚。

首次将嫖宿幼女这一行为规定为犯罪的法律文件是《中华人民共和国治安管理处罚条例》。在20世纪80年代，社会上开始出现卖淫嫖娼等丑恶现象。为打击此类违法犯罪行为，全国人大常委会在1986年通过的《中华人民共和国治安管理处罚条例》第30条规定，嫖宿不满14岁幼女的，依照《中华人民共和国刑法》第139条的规定，以强奸罪论处。

刑事法律首次规定嫖宿幼女罪是1991年全国人大常委会通过的《关于严禁卖淫嫖娼的决定》。该决定明确规定，嫖宿不满14岁的幼女的，依照刑法关于强奸罪的规定处罚。在后来的刑法修订研拟中，立法工作机关就将这一规定直接写入1996年8月8日的刑法分则修改草稿及其以后的一些稿本中了。

在1997年《中华人民共和国刑法（修订草案）》讨论中，立法机关也确实听到了不同的意见，当时在八届全国

四、潜心刑法理论研究，建立中国特色的刑法理论体系　135

人大五次会议秘书处1997年3月1日印发的《中华人民共和国刑法（修订草案）》第357条中，嫖宿幼女仍按强奸罪定罪处罚，而在3月13日大会主席团通过的《中华人民共和国刑法（修订草案）》第360条就将嫖宿幼女行为单独定罪处罚。次日下午，八届全国人大五次会议就正式通过《中华人民共和国刑法（修订草案）》了。之所以发生这个变化，主要是考虑到嫖宿幼女与奸淫幼女还是有细微差别的。

在1997年《中华人民共和国刑法（修订草案）》讨论期间，关于嫖宿幼女罪应否单独规定，还有一段小插曲，那就是王汉斌副委员长与我的一次短暂聊天。记得是研讨会的一次午饭时间，我们坐在一起就餐，他问我："铭暄同志，你对嫖宿幼女行为如何看待？"我说："在现实生活的嫖宿幼女案件中，一些女孩由于性成熟比较早，而且隐瞒自己的真实年龄，行为人在主观上有可能真不知道对方是幼女，况且幼女表面上也是自愿与行为人发生关系的，并收取了一定的金钱，这是客观事实。对行为人来说，其主观恶性没有奸淫幼女那么大，治罪是必需的，但还是应该与强奸罪有所区别吧。"他说："这种现象确是客观存在的，我明白你的意思了。"

刑法上的这个规定，施行了十几年时间，也据此处理了一些案件，如2009年发生在贵州习水的公职人员嫖宿幼女案等。也正因有这些热点案例的披露，嫖宿幼女罪遂被推到了风口浪尖，引发了对其存废问题的激烈争论。有不少人包括有的团体主张废除嫖宿幼女罪，理由是：嫖宿幼女罪罪名的存在使幼女被"污名化"，不利于幼女的身心保护，幼女应该被定位为受害者。再者，嫖宿幼女罪的法定最高刑仅为15年有期徒刑，与奸淫幼女犯罪以强奸罪论处最高可处无期徒刑或者死刑相比，显然是过轻了。也有人包括有的刑法学者主张维持刑法关于嫖宿幼女罪的规定，理由是：这种犯罪现象是客观存在的，刑法对此罪的规定不是对幼女的歧视，而是一种特殊的保护。再者这个罪名的起刑点是5年有期徒刑，最高可判15年有期徒刑，还要并处罚金，刑罚不算轻了，很难想象对这种犯罪行为需要判处无期徒刑或者死刑。以上这两种意见的争论在《中华人民共和国刑法修正案（九）》起草制定过程中达到白热化程度。

2013年10月23日印发的最高人民法院、最高人民检察院、公安部、司法部《关于依法惩治性侵害未成年人犯罪的意见》第20条规定："以金钱财物等方式引诱幼女与自己发生性关系的；知道或者应当知道幼女被他人强迫卖淫而仍与其发生性关系的，均以强奸罪论处。"上述规定意在压缩嫖宿幼女罪的适用空间，可以说反映了当时最高司法机关对于嫖宿幼女罪的基本态度。

四、潜心刑法理论研究，建立中国特色的刑法理论体系　137

在《中华人民共和国刑法修正案（九）》制定过程中，一次审议稿和二次审议稿均未涉及嫖宿幼女罪问题，但在全国人大常委会对二次审议稿进行审议时，有常委会组成人员和列席人员提出，嫖宿幼女罪是对幼女"贴标签"，最高刑偏低，不利于保护幼女，且社会各界和有关部门对取消嫖宿幼女罪意见强烈，建议取消嫖宿幼女罪。《全国人民代表大会法律委员会关于〈中华人民共和国刑法修正案（九）（草案）〉审议结果的报告》中提出，嫖宿幼女罪是1997年修订刑法时增加的有针对性保护幼女的规定。考虑到近年来这方面的违法犯罪出现了一些新的情况，执法环节也存在一些问题，法律委员会经研究，建议取消《中华人民共和国刑法》第360条第2款规定的嫖宿幼女罪，对这类行为可以适用《中华人民共和国刑法》第236条关于奸淫幼女的以强奸论、从重处罚的规定，不再作出专门规定。之后，三次审议稿中增加了废除嫖宿幼女罪的规定，并最终获得了全国人大常委会的通过。

《中华人民共和国刑法修正案（九）》废除嫖宿幼女罪有其合理性，但也存在一定的不足。其合理性表现为不仅能够更好地实现奸淫幼女行为与原来所谓嫖宿幼女行为的逻辑一致性，而且还能够在一定程度上提高对原来所谓嫖宿幼女行为的刑罚处罚力度。其不足之处在于，取消嫖宿幼女罪并不能完全解决幼女被"污名化"的问题。《中华人民共和国刑法》第359条第2款仍规定有"引诱幼女卖淫"的罪名，经过《中华人民共和国刑法修正案（八）》和《中华人民共和国刑法修正案（九）》两次修正的刑法典第358条第2款规定了"组织、强迫未成年人卖淫的"犯罪行为。这些规定的存在，说明在一定条件下"幼女卖淫"的现象并没有在法律中完全消失。此外，人为地抹杀嫖宿幼女行为现象，将此种行为一概归入奸淫幼女行为之中，并以强奸罪定罪从重处罚，这对行为人来说是否公平，是否符合罪责刑相适应原则，也还值得进一步研究。

傅 问一个经常遇到的小问题，我们在查阅《中华人民共和国刑法》条文或刑法修正案时，经常会读到"第×条之一"这样的条文，比如《中华人民共和国刑法修正案（八）》第1条中的"在刑法第十七条之后增加一条，作为第十七条之一"，这里应该如何理解"第十七条之一"呢？

高 这里的"第十七条之一"是说，这个法条是一个独立的法条，既不是第17条的组成内容，也不能作为第18条的内容来理解，这是由刑法修正案这种立法方式所决定的，为了不打乱《中华人民共和国刑法》条文的编号和排列顺序，于是新增的条文就必须拟为"第×条之一"甚至"第

四、潜心刑法理论研究,建立中国特色的刑法理论体系

×条之二""第×条之三"等。刑法修正案仅是对刑法的部分修改,等到将来对刑法进行整体修订时,就可以重新编号,将这里的"第十七条之一"等还原到法典中独立法条的位置,可能是第 18 条也可能是第 19 条,具体情况要看法典整体的修改来说了。

五、开拓区际刑法和国际刑法研究领域

傅 最高人民法院副院长姜伟大法官说过，高老师不仅是我国法学界的宝贵财富，而且是中国刑事法学开展国际交流的开拓者。在开拓区际刑法和国际刑法研究这两件事情上，您可以说功不可没，请您谈谈此事的经过。

高 很多人把国际刑法研究和国外刑法研究在中国的兴起和发展归功于我，这是过誉。其实我只是较早倡导研究国际刑法，在推动我国刑法走向国际方面，想的早一点，并做了一点实际工作而已。我一直认为，为了进一步推动我国刑法学的发展，我们不能仅研究国内刑法，应该具有国际视野，适当关注国际刑法和国外刑法的发展，这样才能与我们的国家地位相匹配。在 20 世纪 80 年代，国内学者对国际刑法还比较陌生，我在中国人民大学法律系开设了国际刑法专题课程，给研究生讲授国际刑法，是我国改革开放后较早开设国际刑法课程的。我招收的第一位女博士生王秀梅，就是国际刑法方向的。这也是新中国刑法学科培养的第一个国际刑法博士。肩负着国际刑法学协会副秘书长暨中国分会秘书长、G20反腐败追逃追赃研究中心执行主任等多个重要身份的王秀梅,因在"反腐教育与学术研究"领域作出的突出贡献,于2017年12月9日国际反腐败日(每年的12月9日)获得了谢赫塔米姆·本·哈马德·阿勒萨尼国际反腐败卓越奖(Sheikh Tamim Bin Hamad Al Thani),这是亚洲第一个国际反腐卓越奖个人奖项获得者。也正因此,她在2018年还获得了由联合国妇女署与网易联合颁发的"年度女性榜样"奖。我认为,加入国际刑法学协会,有益于中国刑法学融入国际刑法潮流,也有益于世界了解中国刑法学的发展,这是中国刑法学发展中一件相当重要的事情。

1983年,我作为中国法学家的代表,得到了第一次出国交流的机会。那个年代,我国刑法还不被国外了解,与国际交流的渠道也非常有限,出国后我发现,国际学术界对中国法学发展几乎一无所知,一些欧美国家甚至认为,中国根本不存在"法治",还停留在旧社会靠清官来维护社会秩序的年代。相应的,中国法学研究与国际学术界近乎隔绝,更别提影响力了。一个泱泱大国,在国际法学领域处于这般地位,显然不合理。我一向认为,刑法学的发展,既要立足本国国情,脱离实际就没法谈法律;又要面向世界,闭门造车必然会造成目光短浅,发展空间狭隘。

而拥有如此之多人口的中国，必须让全世界了解其法治进程和学术发展。

出国之初，我先后访问了美国几所著名法学院校，在向他们学习的同时，也大胆而积极地展示自己的学术观点和成果，尽可能地让更多的人了解中国的法学发展。佐治亚大学和耶鲁大学的代表，对我的学术研究充满兴趣，不约而同地邀请我前去作演讲。这是展示中国法学研究和学者风采的好机会，我就毫不犹豫地答应了。挟数十年学习研究的功底，我稍作准备就走上讲台，向大洋彼岸的学子们，介绍了中国刑法的产生和基本原则。演讲激发了在场人士对中国刑法学的极大兴趣，现场不时响起热烈的掌声。

1984年，国际刑法学协会在开罗举行第十三届国际刑法学大会。我和众多中国刑法学界的同仁对这次大会向往已久，在学术界的大力推动下，中国有关部门同意派出代表参加。这是中国首次正式接触国际刑法学协会。

国际刑法学协会肇始于1889年，由德国刑法学家李斯特、比利时刑法学家普林斯和荷兰刑法学家哈默共同创建，属于非官方的学术性组织。"一战"期间，国际刑法学协会的活动曾经一度中断，在1924年又重新恢复建制。多年来，国际刑法学协会荟萃了诸多名家，为全球刑法学发展作出了巨大的贡献，也积淀了雄厚的实力，成为业界公认的、最具影响力的刑法学机构，在联合国享有咨询地位。

1986年，我在中国法学会第二次会员代表大会上当选为副会长。1987年年初，随着改革开放的深入，中国各个领域都开始与国际对接。中国的刑法学术界此时对加入国际刑法学术界已有着强烈的渴望，中国有关部门授权中国法学会与国际刑法学协会联系。此时，我通过多年的努力和积累，在国际刑法学方面已经初具学术成就，中国法学会就把这个任务委派给我。这中间最重要的一次活动是1987年5月，我以中国法学会副会长的身份，来到在意大利西西里岛锡拉库扎参加由国际刑法学协会召开的国际死刑问题学术研讨会。汉斯·海因里希·耶赛克教授、马克·安塞尔教授、谢里夫·巴西奥尼教授等在国际上极具盛名的刑法学家都参加了此次会议。我在会上作了题为关于"中华人民共和国的死刑问题"的演讲。在此之前，被国际学术界一贯认为风格保守、话题古板的中国刑法学者，一向不作这方面的论述。我的研究却从全球化的角度，用历史而辩证的目光，对中国死刑问题进行全方位论述。我在报告中提出，中国是个有死刑的国家，而中国的犯罪率在国际上明显偏低，这至少说明死刑制度对降低犯罪率具有一定作用。作为拥有十多亿人口的中国，具备良好的社会治安秩序，对全人类而言是不可忽视的贡献。社会的稳定与防止犯罪息息相关，把防止犯罪问题置于废除死刑问题之上，正是人道的体现。这次发言获得了巨大的成功，

五、 开拓区际刑法和国际刑法研究领域

让国际刑法学界对中国的法律和刑法刮目相看,当地报纸特别提到了中国代表在会上发言一事。

在卡塔尔多哈召开的联合国预防犯罪与刑事司法会议期间,高铭暄先生与国际刑法学协会前主席、美国德保罗大学教授巴西奥尼合影

时任国际刑法学协会秘书长、美国芝加哥德保罗大学 M. C. 巴西奥尼教授对我的观点表示惊讶和赞赏。我趁机与他进行接洽,向他及国际刑法学协会说明了我们的来意:我受中国法学会的委托,向国际刑法学协会提出中国部分刑法学家愿意加入国际刑法学协会,并在中国成立分会。这个申请得到了国际刑法学协会主席耶赛克教授和巴西奥尼教授等领导的首肯。巴西奥尼教授愉快地表示,像高铭暄教授这样优秀的刑法学家,可以作为个人会员先行加入。而占了全球人口1/4的中国的有关刑法组织,当然也可以成为协会的团体会员。国际刑法学协会与中国法学会之间

的联系对话的大门终于打开了，中国刑法学界与国际刑法学界的联系渠道畅通了，我顺利完成了中国法学会交给我的任务。回国后我向中国法学会作了汇报，中国法学会把我汇报的相关情况上报到国务院，得到了时任国务院副总理乔石的批复，国际刑法学协会中国分会的各项筹备工作紧锣密鼓地展开了，并最终取得了圆满的成功。身为中国刑法学界的一员，从1983年开始，我先后访问了美国、英国、意大利、法国、德国、日本、加拿大、荷兰、奥地利、西班牙、俄罗斯、丹麦、匈牙利、瑞士、土耳其、埃及、澳大利亚、新西兰、巴西、卡塔尔等二十多个国家以及我国的香港、澳门、台湾地区。在上述国家和地区开展的学术活动中，介绍了中国刑法学的研究成果。出访后，我根据了解掌握的情况，陆续发表了多篇与国际刑法相关的文章，比如"当代国际刑法的发展与基本原则""中国关注的国际刑事法院问题"等。倡导国内刑法学者拓宽眼界，关注国际刑法和国外刑法的发展。

在与国际刑法学协会频繁的对接中，中国刑法学者和中国法学会的形象逐渐被接受。中国法学会用"小步慢跑"加快了与国际刑法学协会的联系与对接。1988年5月，我和几位具有显著学术影响力的学者，首先成为国际刑法学协会的个人会员。尔后，通过不断与国际刑法学协会负责人员沟通、协商，经过艰辛努力，最终获准以组织

五、 开拓区际刑法和国际刑法研究领域

的名义加入。随后不久,国际刑法学协会中国分会正式成立,德高望重的老学者余叔通对国际法和刑法都有所研究,当选为首届中国分会主席,我当选为副主席。不久之后余叔通逝世,由我继任主席。1989年10月,正值国际刑法学协会创建一百周年之际,第十四届国际刑法学协会代表大会和百年纪念活动的举办地就选在国际刑法学协会的创建地——维也纳。我和其他几位中国刑法学的同仁代表国际刑法学协会中国分会前往参加,这也是中国学者首次在该协会上正式作为会员国成员,在国际刑法学舞台上亮相。

国际刑法学协会名下的刊物《国际刑法评论》,一向被全球刑事法学术界视为权威刊物。由于条件所限,在新中国成立之初,中国的学者们多是只闻其名、未见其文。改革开放初期,学者们出国机会并不多,每有出国机会就会如视珍宝地带着这类刊物回国。虽然大部分都是过期的,但仍在同行们之间竞相传阅。国际刑法学协会中国分会正式成立之后,这些刊物作为该组织的出版物任由中国的个人会员和团体会员订阅。国际刑法学界的动态也通过各种渠道告知会员;此外,还有大量的国际性学术活动邀请函不断发来……加入国际刑法学协会,为中国刑法学研究打开了一片广阔的天地,也标志着中国的刑法学界在迈向国际。国际刑法学协会中国分会在创办之初,不过七八个成员,但队伍壮大得非常快,人数持续增多,至今已逾百人。

2009年8月,高铭暄教授、赵秉志教授带领国际刑法学协会暨中国分会理事参加在土耳其伊斯坦布尔举行的主题为"应对恐怖主义的刑法体系"的第18届国际刑法学大会时的合影(后排右六为高铭暄先生)

傅 中国加入国际刑法学协会之后,你们做了哪些工作?

高 在与国际刑法学界接触后,中国刑法学术界很快就感受到自身的相对落后,特别是人才缺失。要想真正与国际刑法学界交流沟通,人才是最重要的。20世纪80年代初,为了尽快培养出一批国际化人才,党中央决定,从全国重点院校的大学本科生和研究生中,择取一批优秀的学生送往国外读书。具体的做法是,先由各大高校代招学生,研究生则分配到各位导师名下,但不占用导师招收研究生的实际名额。同时,又以访问学者的名义,把一些已经在职

五、 开拓区际刑法和国际刑法研究领域

的年轻学者送往国外就读。这些研究生和访问学者原则上必须回国工作。然而,不少人一出国门,就被国外相对浓厚的学术氛围和工作条件吸引,学成之后便想方设法留在国外。中国辛辛苦苦培养的人才,到头来成了为人做嫁衣。我的不少学生,毕业后就申请出国留学。学生临行前,我会叮嘱他们,学成之后一定要回报祖国。留学期间,我都会给学生写信,提醒他们要归国效力。现任北师大法学院院长的卢建平当年留学法国后,一直与我保持信件往来,几乎在每一封信中,我都跟他说要回国报效祖国的事。他跟我说,这些话,使他坚定了回国报效祖国的信念,他至今还保留着这些信件。

中国人民大学的刑法学教学,当时已然在中国学术界、教育界拥有"刑法学第一"的盛名。早在1993年10月,我就立足于中国人民大学,创办了中国第一家国际刑法研究所,即中国人民大学国际刑法研究所,主要致力于从刑法学的角度对全世界的刑法进行研究。国际刑法的研究,也有从国际法角度来研究刑法,那是国际法研究的范畴。中国人民大学国际刑法研究所从刑法专业角度入手的研究,获得了在国际上颇具影响力的成果,也成为中国国际刑法学科研队伍的领军机构。成立之初,我希望这是一个崭新的机构,能够培养一批面向国际学术界的新时代学者。早在20世纪80年代开始,我就私人出钱向国内外订阅国际

刑法学的刊物。现在，我已把多年收藏的刊物，都捐给了这个机构，希望让中国人民大学刑事法律科学研究中心的学生们更好地感受国际学术的气息。

1999年9月，在匈牙利布达佩斯召开的国际刑法学协会第十六届代表大会上，我当选为国际刑法学协会副主席，兼任中国分会主席。

卢建平在我的不断鼓励下，更加频繁地与国际刑法学协会接触。1992年，我和卢建平赴法国巴黎参加了一次国际学术交流会，遇到了他的导师戴尔玛斯·玛蒂，她是巴黎大学刑法学教授，后来继马克·安赛尔之后，当选为法兰西学院院士。经过交流，戴尔玛斯·马蒂流露出对中国刑法学界的兴趣，表示可以合作开展一些科研项目。卢建平把我介绍给戴尔玛斯·玛蒂，并且义不容辞地担任我的翻译。

1992年年底，戴尔玛斯·玛蒂来到中国北京，下榻北京饭店。有了前期的沟通后，我与戴尔玛斯·玛蒂虽然素昧平生，却俨然已成为朋友。我带着卢建平特地赶去与这位朋友见面，进一步细谈了合作事宜。

当时，正值邓小平南方谈话之后不久，国家把经济发展放在首位，随之不可避免地出现一些经济犯罪现象。我与戴尔玛斯·玛蒂在这番会谈中，非常一致地把关注点放到经济犯罪上。戴尔玛斯·玛蒂从西方法学思维出发，强调要加上人权的内容。当时在中国,人权是个非常敏感的字眼。虽然如此,我认为,学术研究上不应该有太多的国界隔阂,我们不直接谈人权,但可以谈刑法中的侵犯人身权利问题。最终戴尔玛斯·玛蒂同意了我们的意见。

傅 这应该是中国刑法学界与国外刑法学界的首次学术合作吧?

高 是的。这是中国刑法学界首次与国外刑法学界的深度合作交流,无论是学术上还是政治上,都是一次创新和尝试,必须得到有关部门的批准才可以进行。立项工作启动后,我立即通过中国人民大学把材料送给各个相关部门审批。材料送到中国法学会时,有位官员看到"人权"的字眼,就作了暂且搁置的处理。我得知后,顾不得大夏天里的毒日头,骑着自行车来到法学会解释:这是人身权,和西方自由思潮中的"人权"是两个概念,何况,人权自有其内涵,也不是资产阶级的专利。那位官员认真听了我的陈述后,终于签字同意,并让法学会一位精通法语的专家梁毅参与这个项目。

这项中法刑法合作研究项目付诸实施后,中、法十多位专家参与其中的研究,经过一年多的努力,1996年2月,由我和戴尔玛斯·玛蒂联合主编的《经济犯罪和侵犯人身权利犯罪研究》一书顺利出版。书中分别论述了中国惩治经济犯罪和侵犯人身权利犯罪的国际国内背景、立法精神、司法实践和防范对策,也以法国为例,阐释了欧洲国家惩治经济犯罪和侵害人格尊严犯罪的刑事案件情况。这个项目的成就还包括其他两本中文书和五本法文书。成功合作后,戴尔玛斯·玛蒂凭借着自身的影响力,让巴黎大学同意招收中国籍的刑法学研究生,同时也把巴黎大学的法学本科生送来中国人民大学读研究生。

我不懂法语,卢建平能弥补我的弱项,他不仅精通法语,还熟知巴黎的各种风俗典故,每次总是主动提出要与我同行,这给我带来不小便利。在这次中法刑法界的学术合作中,他在负责一部分项目的同时,也成了我的"专职翻译"。项目合作中的频繁交流,知悉我喜好京剧的戴尔玛斯·玛蒂有一次笑着问我:高先生,你潜心法律研究,又醉心于京剧音乐,法律和音乐有关系吗?我毫不犹豫地请卢建平翻译我的回答:法是人与社会的和谐的节律,音乐是调整人的不同声部的节律,法律是律,音律也是律。戴尔玛斯·玛蒂听后笑了。

傅 2004年在中国北京召开的国际刑法学协会第十七届代表大会,在国际和国内都产生了重大影响,请您谈谈这次会议的情况。

高 国际刑法学协会最重大的事,就是五年一次的国际刑

五、 开拓区际刑法和国际刑法研究领域

法学协会代表大会。所有的会员国都派人参加,个人会员也大部到会,规格高、场面大。中国加入国际刑法学协会后,为了尽快提升国际学术影响力,就积极参与国际刑法学协会的各种活动。历届大会上,都可以看到数名乃至数十名中国刑法学者的身影,中国分会还力争参加重要的预备会议。随着中国刑法学科研水平的快速提升,中国分会也成为国际刑法学协会的重要一员。

1999年,在匈牙利布达佩斯召开的第十六届国际刑法学协会代表大会上,国际刑法学协会根据我的学术成就和国际刑法学协会中国分会会长的身份,选我为国际刑法学协会理事、副主席,成为国际刑法学协会唯一的来自亚洲国家的副主席。我和中国分会因此有更多机会参与国际刑法学术活动。这次会议期间,在中国法学会和国际刑法学协会中国分会的请求下,国际刑法学协会理事会同意国际刑法学协会第十七届代表大会在中国北京举办。这是对中国法学界和刑法学界的高度信任,也是莫大的喜事!

2004年9月13日,由国际刑法学协会和中国法学会共同主办、国际刑法学协会中国分会承办的第十七届国际刑法学协会代表大会,在北京人民大会堂隆重开幕。中国法学会和国际刑法学协会中国分会经过精心安排,时任全国人大常委会委员长吴邦国在会前会见了国际刑法学协会主席巴西奥尼和各国、各地区高层司法官员。开幕式上,吴

邦国委员长还发表了讲话。巴西奥尼在会上的致辞中提出："国际的犯罪成为本地的犯罪，本地的犯罪也成为国际的犯罪，但它们都是罪行，都要给予坚决的打击。"点明了这次会议的主题是"全球化时代刑事犯罪的挑战与对策"。联合国国际预防犯罪中心主任韦特瑞也发表了相关看法。最高人民法院、最高人民检察院以及公安部的负责人都参与会议。

为期七天的会议，依据主题分设了"国内法与国际法下的未成年人刑事责任""国际经济交往中的腐败犯罪及相关犯罪""刑事诉讼原则及其在纪律程序中的应用""国内和国际刑事司法管辖权竞合和'一事不再理'原则"四个专题，分别进行了深入研讨，达成了国际共识和各项决议。这是国际刑法学协会成立一百多年来第一次在亚洲国家举行的国际刑法学大会，也是我国刑法学术界首次承办的最大规模的国际性会议。来自世界各地约65个国家和地区近千名代表出席了此次盛会。在会议的最后阶段，举行了国际刑法学协会领导机构的选举，此前曾担任该协会副秘书长的西班牙籍法学专家德拉奎斯塔当选为新一届国际刑法学协会主席，我也再次当选为国际刑法学协会的副主席。

国际刑法学协会副主席奥登霍夫先生在会后盛赞本次大会的成功，称之为"国际刑法学协会历史上最为重要的一次会议"。面对日益全球化的社会结构,跨国犯罪已经成为全世界各国、各地区的威胁,他对这次会上取得的成就,尤其是关于跨国刑事犯罪问题上形成的决议非常肯定。大会的中国组委会主席、中国法学会会长韩杼滨声称这是"刑事司法领域国际交流与合作的新的里程碑"。

2011年4月20日,北京师范大学刑事法律科学研究院教授访问德国马普外国刑法和国际刑法研究所时于德国黑森林滴滴湖畔合影(前排右二为高铭暄先生)

刑法学的国际交流使我们增长了见识、开拓了眼界,并且促进了学术研究的广度和深度,更重要的是提高中国刑法学和中国刑法学人对外的影响力。我感到欣慰的是,这次会议之后,中国刑法学术界以崭新的姿态站到国际学术平台上,有更多我国的刑法学者活跃在国际刑法学界,在国际刑法学界发出更多的中国声音。

傅 您是何时卸任国际刑法学协会副主席的？

高 2009年，国际刑法学协会在土耳其伊斯坦布尔举行第十八届代表大会。按照惯例，每位副主席都会兼任一个会议小组的主席，就本小组的研讨方向等内容作公开发言。我担心自己的英语口语不够好，事先找卢建平商量。卢建平让我用中文发言，他在一旁进行现场翻译。我心里想，中国分会的上一任主席余叔通的英语就很好，完全不必为此苦恼。但我却也不认输，我细细看了几遍稿子，然后就上台发言。结果有惊无险，顺利地"完成任务"，会后私下问几位代表，都说"英语不错，发音很标准"。这当然是抬爱我。

截至这次会议，我已经在国际刑法学协会连续担任了两届副主席，按照该组织的规定，不能再担任这一职务，于是被改聘为名誉副主席。尽管我不再担任国际刑法学协会副主席，但令人欣喜的是，时任中国刑法学研究会会长、国际刑法学协会中国分会常务副主席的赵秉志在会上当选为新一届协会副主席，中国分会副主席张智辉被选为理事，中国分会秘书长卢建平连任该协会执委会委员和副秘书长。这三人都是我的学生，说明后继有人！现在我仍担任国际刑法学协会名誉副主席暨国际刑法学协会中国分会名誉主席，无非是个虚衔而已。

随着时间的推移，中国刑法学逐步形成稳定、积极的发展格局。国内学术界新人辈出，在国际学术界影响力日渐强大。曾经只有我与几个老伙伴一起奋斗的领域，如今有了越来越多的追随者，接过了我们肩上的担子，继续着我们的使命。现在时机成熟了，我也慢慢地卸下了一部分工作和职务。希望可以有更多的时间教书、读书、著书。充分利用自己的余生做一些有益于中国刑法学发展的事情。也有同行和学生们极力让我留任，我就试着担任一些诸如"名誉院长""中心名誉主任"之类的虚衔。让更多的年轻人有更多的锻炼机会。实践证明他们做得比我好多了。

傅 2018年是中日刑事法学术交流三十周年，在上海举行的庆祝研讨活动中，与会代表高度评价了您和西原春夫先生对中日刑事法学交流所做的不懈努力和重大贡献，请您说说这方面的情况。

高 我参与中日刑法学交流，是从1993年9月认识西原春夫先生之后开始的。西原春夫先生出生于1928年3月，比我大两个月，是日本著名的刑法学家、教育家和社会活动家。他是中国人民的老朋友，对中国怀有深厚的友好感情。那时候他是日本早稻田大学的资深教授，刚从大学总长的岗位上卸任不久。他通过上海华东政法大学的苏惠渔教授邀请我参加1993年9月13—16日在东京召开的以"正当化与免责"为主题的德国-东亚比较刑法研讨会,这个会议是德国马普外国刑法和国际刑法研究所当时的所长阿尔班·艾赛尔教授发起,并且建议由西原春夫教授主持,在早稻田大学举行的。参加这次会议的除了德国和日本的刑法学者以外,还邀请了我国大陆及台湾地区刑法学者、韩国的刑法学者参加。当时从大陆前去参加的学者有华东政法大学的张国全教授和苏惠渔教授,北京大学的王世洲教授,以及中国人民大学的我,一共四位。我向会议提交了《错误中正当化与免责问题研究》的论文,并在会上作了演讲。就是在这次会议报到时,我第一次见到了西原春夫先生,他忙前忙后,彬彬有礼,热情接待与会的嘉宾,给我留下了深刻的印象。从此我和西原春夫先生时有联系,建立了深厚的友谊。

在我的推荐下,1994 年西原春夫被中国人民大学聘为名誉教授。1998 年 3 月,我又应邀去东京参加早稻田大学举办的祝贺西原春夫教授 70 华诞的庆典。在此期间,早稻田大学举行盛大的毕业典礼,我和夫人也有幸获邀参加。

特别值得提出的是,我和西原春夫教授共同主持做了两件比较有意义的事情,一件是在新世纪初期召开了 4 次中日刑事法学术研讨会。中日刑事法学术研讨会实际上从 20 世纪 80 年代就开始了,西原春夫先生在 1986 年访问中国的时候,和上海市人民对外友好协会当时的会长李寿葆

五、 开拓区际刑法和国际刑法研究领域 161

先生商量确定,进行具有开拓性的学术交流,曾先后开过6次刑事法学术研讨会。第一次是1988年4月28—30日在上海召开,第二次是1990年3月16—18日在东京召开,第三次是1992年12月15—17日在上海召开,第四是1995年4月3—5日在东京召开,第五次是1997年3月17—19日在上海召开,第六次是1999年3月15—17日在日本名古屋召开。讨论的内容基本上都是各自介绍本国的刑法、刑事诉讼法以及犯罪学的发展情况和面临的一些理论和实务问题。

快到新世纪了,西原春夫先生考虑到中国这些年的发展很快,变化很大,《刑法》已经由1979年的192个条文修订为1997年的452条。中国刑法学界也不断地成长壮大,人才辈出,如果中日间的交流仅限于日本刑事法学者和上海市范围的刑事法学者和工作者交流未免太有局限性,想把交流的对象由上海市扩大到全中国的范围。他和老朋友苏惠渔教授打过招呼后,来到中国人民大学与我和赵秉志教授商量。我们两个完全赞成他的意见,并且承诺中方的事宜由我们两个人负责联络操办,会议的筹办和准备工作可以仿照前六次的经验,但是规模要有所扩大,而且每次要有一个中心的议题。西原春夫先生提出,过去的研讨会私人性质比较浓,今后的研讨会应该是组织对组织之间的活动。日方成立了日中刑事法研究会,他说打算吸收几十名学者为会员,希望中方也有一个相应的组织。我们的回应是,根据中国的国情,成立独立的团体组织有困难,可以成立中日刑法研究中心,挂靠在中国人民大学法学院,吸收一些对中日刑事法研究有兴趣的专家学者参与。双方达成了共识,这样才有了21世纪初期4次中日刑事法学术研讨会。加上以前的6次,共10次。第七次研讨会是在2001年9月10—12日在北京召开,由中国人民大学承办,主题是"过失犯和过失概念";第八次是2002年10月12日到14日在武汉大学召开,主题是"共犯和有组织犯罪";第九次是2004年5月7—9日在日本京都召开,主题是"经济犯罪";第十次是2005年8月28—30日在长春召开,主题是"危险犯和危险概念"。西原春夫先生和我分别作为两方代表团的团长主持了这4次研讨会,在主题之下的每一个分题,双方都有相应的文章。这样在会议上就能达到彼此了解、相互比较的效果。讨论的时候由浅入深,由原则到具体,不同的意见可以争论,尊重对方,重视友谊,涉及国家制度的问题绝不妄加评论。由于遵守了这一不成文规则,会议气氛始终是友好的、融洽的,双方都感到有较大的收获。总体来说这4次研讨会的召开是成功的,西原春夫先生和我都表示满意。

另外一件事情,是西原春夫先生在1994年7月份和我约定,共同主持编辑出版两套法学系列丛书,一套是"中国法学全集"10卷本,邀请中国各个部门法的知名学者参与,交付日方译成日文,由成文堂出版。另一套是"日本刑事法研究丛书",约请对日本刑事法有深刻研究的中国学者来撰写,由中国司法部所属的法律出版社出版。这两套书通过几年的努力成果可观,但是没有全部完成。"中国法学全集"原定10本,出版了9本,有:《中国宪法的理论与实践》《中国行政法的理论与实践》《中国民事诉讼法的理论与实践》《中国知识产权法的理论与实践》《中国国际经济法的理论与实践》《中国经济法的理论与实践》《中国民法的理论与实践》《中国刑事诉讼法的理论与实践》《中国律师制度理论与律师实务》,原定有一本《中国刑法的理论与实践》,中文稿交了,日方因故没有翻译出版。"日本刑事法研究丛书"也出版了4本。

总体来说,组织出版这两套书的理想和愿望是好的,是为了加强中日法学的学术交流,实际上也达到了一定的效果,一共出版了13本书,满足了部分读者的需求。但是没有完成原来的计划,留下了一点遗憾。

我和西原春夫先生都已90岁高龄了,一路走过来,我俩共同主持做了一些中日两国间的刑事法学术研讨交流工作,这是缘分,也是我的荣幸。我们的友谊是永恒的。在我有生之年,我还愿意继续为中日刑事法学的交流尽一份微薄之力。我和西原君还有共同为刑法学奋斗一百年的约定呢!

傅 您在区际刑法研究上也功不可没,请您谈一下这方面的情况。

高 早在20世纪90年代初,我就海峡两岸发生的多起飞机劫持案件进行了深入的学术研究。针对两岸互涉刑事法律问题,我认为:我们应当坚决维护祖国统一的原则,平等保障同胞利益,相互尊重历史和现实,共同研讨实践中的法律问题(《海峡两岸互涉刑事法律问题的宏观探讨》,载《法律学习与研究》1992年第1期)。

在大陆与台湾地区司法协助方面,我与赵秉志编写了《中国区际刑法与刑事司法协助研究》(法律出版社、中国方正出版社2000年版)这一著作,并发表了"我国区际刑事管辖冲突的内涵及解决原则"(载《西北政法学院学报》1999年第6期)等相关论文。

在我国区际刑法经济犯罪领域,我对商业贿赂犯罪和商标犯罪进行了深入的比较研究。就商业贿赂犯罪而言,从犯罪主体、客体、贿赂内容以及法定刑等方面进行了系统比较(《海峡两岸商业贿赂犯罪比较研究》,载《人民检察》2010年第21期);就商标犯罪而言,我从立法模式入手,结合台湾地区"商标法"第82条,对立法中的缺漏提出了相关建议(《海峡两岸商标犯罪比较研究》,载《湖南

五、 开拓区际刑法和国际刑法研究领域

大学学报（社会科学版）》2005年第6期）。

近年来，两岸之间的犯罪事件时有发生，当前中国存在着"一国、两制、三法系、四法域"的现实状况。如何在这一现实情况下共同打击犯罪成了不可避免的话题，随着刑事法学研究领域的不断拓宽，中国区际刑事法研究已成为我国刑事法学研究的一个重点领域。改革开放之前，海峡两岸暨香港、澳门地区的学术交流和合作，一直是非常敏感的话题。改革开放之后，两岸之间的交流逐步常态化。国际刑法学协会中国分会和中国刑法学研究会试着与港澳台地区的学术界同胞联系，首先得到香港大学和澳门大学的热烈回应。不久之后，台湾刑法学会也表现出合作的态度。原本被大陆方面视为"内部参考、批判使用"的台湾地区法学著作，开始出版，其中包括民国时期的刑法学著作。面向世界的中国刑法学界，不再强调"新法""旧法"之分。最近几年，海峡两岸暨香港、澳门地区刑事法论坛系由北京师范大学刑事法律科学研究院与香港大学法律学院、澳门大学法学院于2008年联合创立的"中国区际刑事法论坛"发展而来，在2011年邀请台湾辅仁大学法律学院、澳门检察律政学会、澳门刑事法研究会加入论坛轮流主办之后，论坛改为现名称。迄今为止，论坛先后于2008年12月在深圳、2009年12月在香港、2010年12月在澳门、2011年12月在北京、2012年11月在台北、

2013年1月在香港、2014年12月在澳门、2015年11月在南昌、2016年11月在高雄、2017年12月在香港，共举办了十届。另外，由大陆刑法学研究会和台湾刑法学会轮流主办的"海峡两岸刑事法治学术研讨会"已分别在大陆和台湾地区举办了八期。这两个论坛和学术研讨会，现在都具有相当的规模，学术成果丰硕。这些会议我大多都参加了，也积极提交论文。这些学术交流活动，对于推动我国内地（大陆）与台湾、香港、澳门地区的刑事法理论与实务的交流起到了重要作用。通过与港澳台地区老中青刑法学者的交流，增进相互间的沟通和理解，使我对港澳台地区的刑事法律制度与司法体制有了进一步的认识。在此基础上，我也设想过一种统分结合的区际刑事司法协助模式。在统分模式中，不同法域各自成立"区际司法协助委员会"，由该委员会展开整体的司法协助活动的协调、指导工作，在条件成熟时制定、签署区际刑事司法协助协定。同时，各有关刑事司法机构开展与其职能对口的区际刑事司法协助工作，制定与其职能对口的刑事司法协助办法。

傅 这种区际刑事司法协助模式有多大的可行性？

高 可行性不是没有。我们只要遵循"一国两制"、平等协商、相互尊重、现实性和可操作性相结合以及有效惩治犯罪的准则，分步骤、分阶段、分部门、分类别地推进各

五、开拓区际刑法和国际刑法研究领域   167

项工作,是有助于顺利开展区际刑事司法协助模式的。当然,我们也要认识到,中国区际刑事司法协助机制和模式的建构是一项艰巨复杂的系统工程,涉及协商签约的主体、协商的程序、有关法律冲突的解决、司法协助机制的框架形式等方方面面的问题,需要较长时间逐个加以科学合理地解决,不能过于急躁或冒进。

傅 当年的张子强案件影响比较大,内地与香港地区的理论界、司法实务部门的很多人士曾纷纷发表自己关于该案管辖权的见解,最终由内地法院行使管辖权。内地与香港地区的诸多学者、实务界人士都表示理解、赞同和支持。您持何态度?

香港树仁大学校监胡鸿烈博士(中)应邀在人大法律系
讲学期间与高铭暄先生和赵秉志教授(左)合影

高 当时香港刚刚回归祖国,我们与香港特别行政区在处罚跨地区犯罪方面并没有形成有效的法律制度和法律机制,很多时候需要两个地区的司法机关进行沟通协商。那时候赵秉志还在中国人民大学刑事法律科学研究中心工作,就为此案件召集学者进行探讨,后来出版了论文集。

傅 那么,我们在处理内地与港澳地区间区际刑事管辖冲突时是否可以适用国际法上的刑事管辖基本原则?

高 我们是一个国家、两种制度、多个法系的情形,严格来说,不能适用国际法意义上的刑事管辖基本原则。因为它是一个国家基于主权观念而争取的国家刑事管辖权,适用前提是不同的国家或不同国籍的人,它所保护的是共同的国家利益和国际秩序,而内地与特别行政区之间不存在主权问题,这些原则不应适用于我国区际刑事管辖权的确认。但是,我们可以将属地原则与属人原则的原理加以演化,并将推演的结论作为解决我国区际刑事法律冲突的手段和确认刑事管辖权的准则,比如将属人原则界定为居所地身份原则,将属地原则界定为犯罪地原则。

傅 这种演化而来的刑事管辖权的准则在司法实践中如何适用呢?

高 这就要根据引起刑事管辖权冲突的原因来确定适用的准则。依据管辖权冲突的原因,我认为要分三种情形:第

五、 开拓区际刑法和国际刑法研究领域 169

一种情形是由于犯罪地的跨越导致管辖权的冲突,只要犯罪构成要素之一与其中一地有关联,该地就具有管辖权,至于两地或三地均具有刑事管辖权,可以通过双方或三方协商,从便利诉讼和最佳审理效果出发,决定管辖权行使的主体;第二种情形是按行为人的居所地身份与刑事管辖权的关联性来确定,如果行为人的居所地身份不制约刑事管辖权的行使,应以行为人的行为实施地与结果发生地作为选择管辖权和适用法律的依据,如果居所地身份制约刑事管辖权的行使,可依据居所地身份原则行使刑事管辖权;第三种情形是根据犯罪形态来确定,如果共同犯罪行为人的犯罪行为分别在两地、三地或与结果地不一致的,或者犯罪行为的预备行为地与实行行为地分别在两地的情形下,在实践中并无明确的界定标准,只要两地或三地之中任何一地先行抓获了共同犯罪人之一,无论是主犯还是从犯、无论其居所地是否一致,先行抓获地的司法机关可以行使管辖权,而另一方应将其抓获的其他共同犯罪嫌疑人移交先行抓获方,以便合并审理这一共同犯罪案件。对于张子强案件的管辖权,正符合第三种情形,由内地法院行使管辖权也是有法理依据的。

当然,对于共同犯罪的行为地与结果地一致的,只是共同犯罪人分别为两地的情形,原则上由犯罪行为地和结果地的司法机关管辖,就不要根据居所地身份的归属来决定管辖权。

傅 北京师范大学刑事法律科学研究院是何时加入联合国犯罪预防与刑事司法机构网络的？

高 2011年4月12日，在维也纳举行的第二十届联合国预防犯罪与刑事司法委员会年会上，北京师范大学刑事法律科学研究院作为代表中国的刑事法学术机构，成功地被吸纳加入联合国犯罪预防与刑事司法机构网络，成为其第十五个国家成员单位。

这的确是我国刑法学界、法律界的一件大事，也是一件喜事。我是见证人之一，亲历了这件事情的整个过程。特别是4月12日那天，在维也纳联合国总部会议室，会议桌上摆着两面旗帜，一面是联合国旗帜，另一面是中华人民共和国国旗，在那一刻，我感到心潮澎湃，心情久久不能平静。

在北京师范大学刑事法律科学研究院举行加入联合国犯罪预防与刑事司法机构网络的专题汇报会上，赵秉志介绍了加入的经过：几年前，我们了解到，这个机构可以以学术组织的身份参加联合国大量的刑事法制事务，包括参与帮助起草、研究、研拟相关的条约和公约的内容，包括国际性刑事法制事务的委托，还包括一些国际的培训等。因此，我们刑科院的学术团队在中国人民大学期间，就在一些国际单位的帮助下,开始了这项申请,当时与我们交往的有些单位是该组织的成员,但是由于当时的体制问题,由于我们的架构比较小,当时考察之后,我们的学术研究有一定的成绩,但是整个机构与其他机构相比差距比较大,当时我们也邀请了联合国这方面负责的官员多次参与我们的一些活动,包括中国法学会也给了我们一些支持,我们也帮助他们举办了一些会议,但是也没有能够加入。2005年,我们这个团队在北京师范大学和教育部的支持下,加盟了北京师范大学,建立了全国唯一的刑事法学研究机构——北京师范大学刑事法律科学研究院,在这样的机构之下,经过几年的建设,特别是我们在国家相关的法制和外交部门的支持、帮助和引导下,包括司法部、外交部条约法律司,当然还包括中央的公检法机关的具体帮助,我们注重在国际事务中对联合国相关的条约和公约关注的热点问题进行研究,经过几年的学术积累和申请,终于成为联合国刑事司法网络机构第十五个国家成员单位。

从上述介绍不难看出,学术研究需要我们的不断努力,历史的接力棒需要一代一代人的传接。试想,如果我们在中国人民大学时申报不成功就灰心,就放弃,哪会有今天的辉煌!

六、关注刑事司法制度改革

傅 您一向注重死刑制度研究，主张逐步减少并最终废止死刑，请您谈谈这方面的研究情况。

高 1987年我参加了在意大利锡拉库扎召开的国际刑法学协会举办的死刑问题国际学术研讨会，了解了世界上减少死刑废除死刑的趋势后，就及时将这样一种思想引入国内。随着对外学术交往的不断深入开展，中国学者的视野彻底打开了，许多国际性的刑法学课题，被提上了中国刑法学者的案头。死刑也是我本人长期关注的重要刑事法治问题之一，始终倾力关注、参与、推动我国死刑制度的理论研究和实践运用，是国内最早关注死刑制度改革的学者之一。多年来，我参与国家最高立法机关、最高司法机关有关死刑问题的研究论证达十多次。死刑问题，一直被国际刑法学术界高度关注，现在也成为国内学术界的热门话题。我始终认为，死刑是刑罚体系中最为严厉的一种刑罚，一旦判处死刑，就断绝了所有悔改或者改正的机会。在改革开放之初,我就一直把死刑制度改革作为自己研究的重要课题。

新中国成立之初,《中华人民共和国刑法》尚未颁布,我国的死刑判定基本上还处于"无法可依"的状态,只能根据少数几个单行刑法和党中央下达的一些刑事政策来处理。1979年颁布的《中华人民共和国刑法》中,规定的死刑罪名有27种,其中反革命罪就有14种。此后的数年,我国又出台了多个单行刑法,除了1981年颁布的《中华人民共和国惩治军人违反职责罪暂行条例》是专门针对军人之外,1982年进入"严打"时期,当年和次年出台的《关于严惩严重破坏经济的罪犯的决定》《关于严惩严重危害社会治安的犯罪分子的决定》,都增加了不少死刑罪名。

全国人大常委会1982年3月通过的《关于严惩严重破坏经济的罪犯的决定》,将包括盗窃罪在内的7个罪名的最高法定刑设定为死刑。我在那个时候就专门为此事,向全国人大常委会反映,提出中国自古以来就有"贼无死刑"的观点。但未能引起注意。

改革开放后的中国,各个层面都发生了急遽变化,"文革"结束之初颁布的刑法已经不能适应现实社会的需求。1988年3月,第七届全国人大常委会第一次会议召开,不少委员提出要加快启动修订刑法的相关工作。同年7月1日出台的《七届全国人大常委会工作要点》中,把刑法修订工作正式列入立法规划。随即由全国人大常委会法工委成立了刑法修订小组,出于各方面的考虑,只请中青年学者作为成员加入,我推荐了赵秉志加入。

刑法修订工作,与当年立法工作相似,在一轮又一轮的调查研究、汇编条文、征求意见中,修订稿日臻成熟。在此期间,刑法修订小组会定期举行会议讨论,每次会议都会特邀一些知名专家参与讨论,有时是几位,有时是十几位甚至几十位。我每次都在应邀之列,而且都在会上发言表态,其中多次发言都是针对死刑立法改革。1996年年底,《中华人民共和国刑法(修订草案)》送审在即。同年11月,也就是1997年3月交付八届人大五次会议审议之前,全国人大常委会在北京黄河大酒店开了12天的论证会,这是我所经历的立法论证会时间最长的一次,对《中华人民共和国刑法(修订草案)》进行最后一轮修改。最后一天的会议意在进行总结,时任中共中央政治局候补委员、第八届全国人大常委会副委员长、全国人大常委会党组副书记王汉斌也到了会议现场。我在会议上抢在第一位站起来发言,连续讲了十多分钟,从历史上死刑泛滥到如今人道主义盛行以及全球对死刑的反对态度。我当时说,清朝末期,法定的死刑罪名有800多条,仍然没能挽救清王朝的命运。中国当下的死刑罪名还是太多,尤其是非暴力型的财产犯罪和经济犯罪,原则上不应当适用死刑,建议在一定程度上对死刑进行再削减。我与王汉斌在中国第一部刑法的制定期间,就曾共事过,王汉斌对我的意见表示相当尊重,但最终并未采纳。事实上,在这个时间段,除非是特殊情况,是不会再对《中华人民共和国刑法(修订草案)》中的重要内容推倒重写的。这在我的意料之中,我只是希望通过这样一次又一次的呼吁,能积累起逐步减少死刑的共识。

死刑制度不仅是一个刑法问题,更是一个社会问题。我国死刑制度问题涉及多方面因素,诸如立法动向、司法实践、历史传统、文化习俗、政策方针、理论观念等内容。死刑问题的根源和实质关乎全社会。中国疆域广阔、风土人情各异,民情复杂,死刑改革可谓"牵一发而动全身"。在中国,"杀人偿命"的传统观念早就成为根深柢固的信条,一些人命案件一旦产生社会影响力,民众往往会通过各种途径向司法机关施加压力,要求达成"杀人偿命"的平衡感。而在当下的社会转型期,经济犯罪、职务犯罪等案件,恶劣而广泛地向社会正义挑衅,若无一种震慑力量,社会的正义和稳定都难以得到彰显和维护。这些势必导致我国死刑改革步履缓慢、艰难。而值得深思的是,美国、日本、印度一类的大国,都在立法上保留死刑。

然而,从更长远、更广阔的角度看:早在17、18世纪,意大利刑法学家切萨雷·贝卡里亚在《论犯罪与刑罚》一书中，就非常系统地论证了死刑的残酷、不人道以及不必要。从此，废除死刑观念日益深入人心，奥地利等国家开始着手废除死刑。尤其是在第二次世界大战后，国际人权事业的发展风起云涌，限制与废除死刑逐渐成为国际社会不可阻挡的潮流。时至今日，全世界有100多个国家也就是2/3的国家都已经废除了死刑。截至2009年6月30日，全球95个国家完全废除了死刑，仅对普通犯罪废除死刑的国家有8个，事实上废除死刑的国家则有44个，保留并在过去10年间适用死刑的国家和地区仅有48个。随着废除死刑的大势所趋，在欧洲，所有的国家都废除了死刑，废除死刑甚至成为加入欧盟的条件。由此可见，中国的死刑改革无疑又是势在必行的。我作为多次参与我国刑法的制定和修订工作的刑法学家，有责任和义务推动刑法的适用和研究向着更为科学、人道和良性的方向发展。作为一个学者和教师，必须力所能及地去做些什么。作为学者，往往习惯于用理性的思维看待问题，但是一名学者的真正使命并不局限于学术研究，重在关注社会现实，尽其所能地推动社会的进步。要努力把死刑改革的正确理念推向公众，引导他们的死刑观念，尽可能地为社会的法治进步作出贡献。

1997年3月，第八届全国人民代表大会第五次会议审议通过了修订的《中华人民共和国刑法》。为了便于区分，学界习惯性地把前一部刑法称为"1979年《刑法》",这一部刑法称为"1997年《刑法》"。八届全国人大五次会议上王汉斌作修订说明发言时说,对于死刑数量在原则上不减少也不增加。实际上,1997年《刑法》的死刑罪名最终定格在68个,占罪名总数412个的16.5%,较1979年《刑法》死刑罪名27个占罪名总数130个的20.7%,以及1997《刑法》修订前死刑罪名71个占罪名总数263个的27%,在比例上略有下降。在1997年《刑法》总则中,对死刑的适用对象作了更为精确的表述,删除了1979年《刑法》中对已满16周岁不满18周岁的未成年犯可以判死缓的不妥规定,还对死刑的执行增设了更为人道的注射方法。虽然有学者认为,数量减少是立法技术所致,但仍然能明显看出中国的立法机关在1997年《刑法》中显现的对死刑问题的慎重姿态,以及刑法学者努力呼吁的成效。

1997年《刑法》颁布后不久,我在许多刊物上发表了"解读"的文章,多次明确指出"死刑罪种过多"等问题,提出了应当设法进行逐步削减、直至最终实现没有死刑的改革方向。我尤其不赞成对单纯经济犯罪判处死刑。经济犯罪的成因是多方面的,与许多暴力犯罪相比而言,经济犯罪仅靠死刑是无法有效遏制的。从各国刑法来看,经济犯罪基本都没有设置死刑。开放的中国,必将适应更加开放的法制,我呼吁有关方面尽早对此进行改革,让生命得到更多的尊重和保障。

2011年2月，第十一届全国人大常委会第十九次会议通过了《中华人民共和国刑法修正案（八）》，取消了13种经济性、非暴力犯罪的死刑，在原则上免除了已满75周岁老年人的死刑。这是我国自1979年颁布《刑法》以来首次作出减少死刑的规定。我曾参与起草相关工作，在修正案顺利通过审议时感到很开心，盛赞了国家决策机关在死刑问题上的理性和冷静。有关方面召开了多次规模不等的有关死刑的国内和国际学术研讨会，我大多都参加了。我认为，下一阶段，我国死刑制度改革的努力重点应当是采取切实可行的措施逐步减少死刑的适用，并分阶段削减死刑罪名。

时至今日，我仍然在为逐步消除死刑而努力。

傅 在您的影响下，许多刑法学界的青年才俊也接受了您的观点，对消除死刑提出了自己的见解。

高 是的。现在，这种观点已成为越来越多的刑法同仁的共识。如我的弟子邱兴隆就在这方面发表了许多文章，并出了专著。可惜他早逝，让我感到悲痛万分。

2000年在海南省海口市召开的全国刑法学术年会上，在大会的交流环节，来自华东政法大学的青年教师孙万怀代表小组发言时指出，死刑整体具有合理性的观点实际上是一种悖论,理论中关于死刑的合理性的论述实际上是为死刑的继续通行提供庇护所。死刑合理与否应该以各罪或者在具体领域展开。因此,合理论逻辑的观点应该是开始废除死刑。在会议互动阶段,时任刑法学研究会会长的我肯定了他的发言精神,并指出这是中国学者在大型公开论坛上第一次提出死刑废除的观点,指出这个问题在以后会议上可多作研讨,并鼓励他继续按照自己的思路研究下去。在后来的研究活动中,孙万怀不负众望发表了数篇论文,在死刑的研究上独树一帜。

傅 您还提出过,在死刑消灭前,要尽快创建死刑替代措施,请您说说这方面的情况。

高 虽然死刑在当前的存在有其必要性,但立法和司法层面必须坚持"严格控制和慎重适用"的政策。在对待死刑问题上,我认为要尽快创建死刑替代措施。我始终秉持:如果一个刑罚没有任何阻止或者预防犯罪的效果,那么这种刑罚剩下的只是报复。事实上,死刑剥夺了罪犯的性命,只考虑到罪犯应对其所实施的犯罪行为承担责任,而忽略了罪犯对被害人以及幸存者的责任。如何让被害人一方得到应有的补偿与安慰,是死刑执行之后避不开的难题。此外,从公众角度来看,之所以反对取消死刑,主要是担心严重犯罪会对社会秩序造成威胁。废除死刑的最佳方式,就是寻找一种替代措施,获得公众的支持,让死刑从根源上逐步淡出,真正体现我国宽严相济刑事政策。

我的这些观点,得到了学术界和司法实务部门比较广泛的肯定。作为死刑的衍生物,死缓制度随之引起人们的关注。死缓是死刑缓期二年执行的简称,其历史根源可以追溯到明清时期的"斩监候"制度。早在抗日战争时期,中共中央就曾出台过所谓"死刑保留"制度,根据军事策略的需要,对应判死刑但又具备争取改造可能性的敌对分子,采取"判而不决"的方式。新中国成立初期,反革命活动猖獗,为了在镇反运动中适度控制死刑,毛泽东同志提出了"死缓"的政策:凡反革命分子,除了罪大恶极的外,其他被判处死刑的,一律缓期两年执行,为这些犯罪分子留取立功的余地,也为党和政府赢取更多的支持。死缓制度在此期间取得了很大的效用,后来,也为其他犯罪的死刑犯所适用。1979 年《刑法》中,正式确立了死缓制度,从此成为中国刑法的一大特色与亮点。

死缓在死刑与其他刑罚之间形成了一道缓冲地带,更加强调"治病救人"的理念。在数十年的司法实践中,绝大多数被判处死缓的犯罪分子,几乎不曾被实际执行死刑,而是缓期二年执行期满被减为无期徒刑乃至长期的有期徒刑。死缓具有闪耀着人性光辉的一面,但也被社会上有些人诟病为不够严肃、损害司法的公信力。特别是在死刑逐步削减的背景下,死缓存在的必要性也受到质疑。

我个人认为,死缓制度虽然存在技术层面的缺陷,譬如,"不是必须立即执行"蕴含着太多的疑义,明显缺乏确定性,与求精求准的法学精神不符合,从某种角度上,也给司法工作带来更多的"人治"因素,而学术界由此产生了大量争议。在1997年《刑法》制定期间,我一边提倡削减死刑,一边呼吁要完善死缓制度。在1979年《刑法》关于死缓的部分,使用"确有悔改""抗拒改造、情节恶劣"等语境模糊的词句。在我和一众学者的推动下,1997年《刑法》把死缓期间减为无期徒刑的条件修改为"没有故意犯罪",把死缓期满执行死刑的条件改为"故意犯罪,查证属实的"。《中华人民共和国刑法修正案(九)》把死缓期间执行死刑的条件进一步改为"故意犯罪,情节恶劣的"。

此外,我极力主张死刑二审案件公开审理,这不仅是实现司法公正,也是彰显对生命权的尊重。在我国审判实践中,二审上诉案件较多采取书面审理,近年来,各级媒体不时披露死刑的冤假错案,无法重生的刑罚,令人无限遗憾。其中部分案件,如果能采取公开审理的方式,也许可以避免错判。

我国的死刑制度正一步步朝着更为人道的方向改革,我期待,不久的将来还会有更大的突破,给国家和民众营造一个更美好的法治环境。

傅 现阶段，关于死刑民意引导方面，我们应注意哪些问题。

高 我国是一个有着悠久历史传统的国家，民众对死刑的观念同样经历了近几千年的演变发展。近几年我国人权事业不断发展，民意对我国死刑改革有着重大影响，决定着死刑改革的进程。当前，在我国死刑制度改革过程中，引导民意要遵循历史和时代的发展规律，在引导死刑民意时应注意几点：一是死刑观念变革要渐进而行，不可冒进；二是培育民众科学理性的死刑观念，引导民意转变；三是力促国家决策层死刑观念的更新，推动制度先行；四是完善死刑替代措施的技术规定，满足公众内心情感。比如刚才我所说的尽快创建死刑替代措施等。

傅 您很早就提出了废止劳动教养制度的设想，请谈谈这方面的事。

高 劳动教养制度由来已久。1955 年，党中央发动了"肃清暗藏反革命分子运动"，在 1955 年 8 月 25 日发布的《关于彻底肃清暗藏的反革命分子的指示》中称："对这次运动清查出来的反革命分子和其他坏分子，除判处死刑和因为罪行较轻、坦白彻底或立功而应继续留用的以外，分两种办法处理。一种办法，是判刑后进行劳动改造。另一种办法，是不能判刑而政治上又不适合继续留用，放到社会上又会增加失业的，进行劳动教养，就是虽不判刑，虽不完全失去自由，但亦应集中起来，替国家做工，由国家给与一定的工资。"文件中的惩罚机制是借鉴苏联和朝鲜的相关规定，在中国实施改良后，发展成为劳动教养制度。我国的劳动教养制度，是依据1957年8月1日全国人大常委会批准的《国务院关于劳动教养问题的决定》而建立的，1979年11月29日全国人大常委会又批准《国务院关于劳动教养的补充规定》，从而使这一制度得到进一步发展。所谓的劳动教养，就是劳动、教育和培养。在此后一年多的时间里，全国建起了一百多处劳动教养场所。被劳动教养的人员，按规定是享有必要的生活待遇和政治待遇；然而，实际执行中，劳动教养人员不仅完全被剥夺了人身自由，还在某种程度上遭受虐待，急切之间建起来的劳教场，管理和监督机制近乎空白，导致一些被劳动教养人员因为劳动强度过大、劳动条件不好而罹患重病，乃至死亡。在劳动教养机制施行之初，没有规定劳动教养期限，有些劳动教养人员的劳动教养时间长达20年之久。

劳动教养在名义上是须由多个部门联合执行的一种行政处罚，并非法律规定的刑罚，但劳动教养适用的对象并不明确。随着劳动教养制度的发展，名义上有个"劳动教养管理委员会"，设在省一级司法行政机关内，最后实际上成为公安机关专门用来对待嫌疑人员的手段。一个行政执法部门，未经法律授权和司法程序，本来无权剥夺公民的人身自由。而按照劳动教养机制，仅（设区的）市公安局就可以单独决定让公民去劳动教养。

改革开放之后，邓小平高举起"解放思想"的大旗，社会各界尤其是司法部门对各种不合理制度进行了深刻反思，劳动教养机制一时成了亟须解决的重要问题。当时，公安部门也曾略有微词，认为取消劳动教养将会对公安工作带来不利。

党中央收到多方的反馈意见，看到了其不科学、不合理的方面，先是进行针对性的改良。譬如，明确了适用对象，当时社会上出现了一批"大错不犯、小错不断"的小偷小摸以及卖淫嫖娼人员，无法判以刑罚却又屡教不改，仅这一类人员可以进行劳动教养；劳教机制的适用必须严格遵循法定程序并接受人民检察院的监督；劳教年限不得超过4年，所有超过4年的劳教人员全部无条件解教；明确了劳教场所的制度和监督机构的责任，修正了劳教管理人员无法可依的现象；受到劳教惩处的人，可以聘请律师予以辩护，劳教人员受到不公正待遇可以申诉；等等。

然而，这种未经司法程序就给予惩处的机制，依然引来诸多诟病，社会上不时响起"彻底消除劳教"的呼声。中央相关部门再次对劳教机制进行研究，还多次召集了刑法学者开会讨论。我的意见始终是：劳教是一种剥夺公民人身自由权利的惩处，必须经过司法程序。没有真正触犯法律或者犯法不足以判处刑罚，未经法庭庭审，由不具备审判权的劳教委员会来决定是否予以惩罚，既不合法也不合理。我很明确地说，眼下，劳教可以作为历史产物进而取缔。后来，由原本计划启动的新改革也被搁置。我在"关于刑法实施中若干重要问题的建言"一文中就明确表达了我的观点。

傅 我对这篇文章的印象很深，因为当时是我向您约的稿，文章首发在我任编审的《法治研究》上，该文说了五个观点：一是逐步减少和废除死刑；二是罚金刑应有数额规定；三是建议设立特赦制度；四是劳动教养制度宜作重大的改革；五是党委、政法委审批案件要有严格标准。记得您和我说过，这是您第一次集中谈刑法实施。文章发表后，反响很大，许多人引用，不少刊物转载了这篇文章。

高 是的，我在这篇文章中指出：劳教"这项制度有一个致命的缺陷，就是缺乏正当程序。对于一个犯有罪错但不够予以刑事处罚的公民来说，仅仅凭行政机关（具体来说是省、自治区、直辖市和大中城市人民政府成立的，由民政、公安、劳动部门的负责人组成的劳动教养管理委员会，实际上都由公安机关设置的劳动教养工作管理机构办理）

的一纸决定,就可以对某位公民实行1至3年(必要时可以延长至4年)强制性教育改造的行政措施,使其人身自由遭受剥夺,这无论从民主与法治的原则来说,还是从宪法'国家尊重和保障人权'的规定来说,都是不协调的,或者说是相冲突的。为此必须进行重大改革。改革之道一是废除,二是停止适用……"

进入21世纪后,中国学者在与国际社会的交往中,了解到国际对中国劳动教养制度持否定评议,于是再度向党中央提出取消劳动教养制度的建议。新任中央政法委书记不久的孟建柱听取了专家学者们的建议,把这个问题的建议送达中南海。我为此暗暗高兴,在中国法学会的一个会议上,我的座位正好挨着中央政法委书记孟建柱的座位。我就找了个空当,悄悄拉住孟建柱书记问:党中央对劳教问题是什么态度?熟知底细的政法委书记孟建柱停顿了一下,压低声音跟我说:基本不会再搞了。我听了,会心地笑了,这就对了!

傅 这事我记得,因为第二天一大早,我就接到您的电话告诉我这件事。我当时还纳闷,高老师那么早来电话,莫非有啥急事?

高 不是急事,而是好事。听到这个消息,真的有点兴奋。

傅 后来呢?

高 结果正如孟建柱书记所言，2013年11月，党中央公布了《中共中央关于全面深化改革若干重大问题的决定》，正式提出废止劳动教养制度。2013年12月，全国人大常委会通过了《关于废止有关劳动教养法律规定的决定》指出，在劳动教养制度废止前依法作出的劳动教养决定有效；劳动教养制度废止后，正在被依法执行劳动教养的人员将解除劳动教养，剩余期限不再执行。政令所至，全国上下一片欣喜，实施50多年的劳教制度，终于被依法废止。

我又一个心愿实现了，就把关注点转移到"社区矫正"上了。因为，它与劳教制度有着诸多联系。

傅 在"社区矫正"方面您做了哪些研究？

高 "社区矫正"实际上是"进口"的东西。它源于欧美国家的一种刑事执法模式，始于19世纪末风行的"行刑社会化"理念，倡导对罪犯的惩罚，不能追求报复的快意，而要试图完善其人格，矫正其行为。罪行轻微、主观恶性不大的罪犯，可以处在非监禁状态中矫正，也就是处于社会和家庭中进行矫正。大量数据和案例显示，社区矫正的成效远远高出监狱所能达到的效果，还大大缓解了监狱的负担，令被惩罚对象及其亲属感受到社会的宽容与家庭幸福。

事实上，中国的刑罚制度中，原本就有管制、宣告缓刑、裁定假释以及监外执行等类似于社区矫正的方式,但机制上不如西方国家社区矫正科学。我和其他几位法学家对西方国家社区矫正进行研究后,结合当下中国的刑事犯罪惩罚制度,曾向全国人大常委会法工委等部门提出了推广社区矫正的意见,并得到了普遍支持。

2003年7月,有关部门对我国实施社区矫正作了充分评估后,最高人民法院、最高人民检察院、司法部和公安部联合出台了《关于开展社区矫正试点工作的通知》,择定了北京、天津、上海、浙江、江苏、山东六个省(市)作为社区矫正工作的试点省(市)。被判处管制、宣告缓刑、暂予监外执行、被裁定假释、被剥夺政治权利但在社会上服刑的五类对象,在不监禁的情况下,通过当地民警、社区组织和家庭成员分工负责、相互配合,对犯人进行教育和监督。

从北京、上海等地回馈的试点报告看,犯人经过社区矫正之后再次犯罪的比例远远低于监禁矫正之后再次犯罪的比例。适合社区矫正的犯人大部分是关押在看守所,与他们一起的,有尚未被判刑但可能犯下重罪的未决犯,还有被判处短期徒刑的犯人,相处之间必然产生信息交流,相互交换犯罪模式和观念,重罪犯人往往会给轻罪犯人带来"无畏"的危险情绪。在轻罪犯人的心理上,容易出现因为比较而产生自我谅解的情绪,还可能导致下一步的犯罪。轻罪犯人的监禁矫正时间一般较短，矫正的效果很难深入，如果受到这些理念的影响，矫正效果将会适得其反。

社区矫正中的犯人仍然处于原来的社会和家庭中，部分犯人还可以正常工作。在正常而相对正面的环境中，犯人更多面对的是家庭责任感和亲人的温情，亲人们的劝导和监督力量往往超过司法人员，更有利于犯人悔改和自律。随着我国人口的持续增长，监狱的负担也持续加大，执法成本随之提升，社区矫正还大大缓解了这些压力。

这些成效有目共睹，司法部门很快就上报中央，请求在全国范围推广。积累了7年的试点经验后，2010年前后起草的《中华人民共和国刑法修正案（八）（草案）》中，正式把"依法实行社区矫正"的条文写入法律，并在2011年2月第十一届全国人大常委会第十九次会议上获得通过。

2010年12月，司法部在江苏南京召开了全国社区矫正理论研讨会，我作为特邀专家出席。我在会上作了"社区矫正写入刑法的重大意义"主旨发言，针对社区矫正在中国实施的初步情况，肯定了将"社区矫正"写入法律的做法，认为"如果说以自由刑取代肉体刑是刑罚执行方式的第一次飞跃，那么，社区矫正制度又向人类社会的文明进步迈出了一大步，实现了刑罚执行方式由监禁刑向非监禁刑发展的第二次飞跃"。从刑法的层面研究"社区矫正"，这是"头一份"，也是"独一份"。分管此项工作的司法部

六、 关注刑事司法制度改革　193

郝赤勇副部长在会议总结时高度评价了我的发言,风趣地说:"高老师的发言系统、全面、深刻。我想说的,他说了;我未想到的,他也说了……"与会代表非常赞赏我的观点,许多人说,以前我们对"社区矫正"的性质、地位、职能和作用认识不清,现在高老师这么一说,如同拨云见日,清楚多了。会后司法部把我的这次发言稿进行刊发。司法行政部门很快设立了专门的工作机构:社区矫正管理局。

2010年12月,高铭暄先生参加"全国社区矫正工作理论研讨会"(右一为原司法部副部长郝赤勇)

2012年1月,在诸多专家学者的推动下,最高人民法院、最高人民检察院、公安部、司法部联合印发了《社区矫正实施办法》,对社区矫正的方式方法作了更加全面而具体的规定,强化了社区矫正的可行性。该办法自2012年3月1日起施行。

2012年9月,我所在的北京师范大学刑事法律科学研究院专门召开会议发布了《社区矫正法(专家建议稿)》。这是我国由社区矫正研究专家起草并首次发布的社区矫正法专家建议稿,共计118条,内容包括总则、社区矫正机构与人员、社区服刑人员、社区矫正程序、监督管理、教育矫正、帮困扶助、考核与奖惩、特殊人群社区矫正、社区矫正的保障与促进、社区矫正监督与法律责任等,对于进一步推动我国《社区矫正法》的科学制定具有积极意义。

傅 您一直倡导在我国建立赦免制度,请您谈谈这方面的情况。

高 特赦问题是我长期关注并有较深入研究的领域。我认为,中国刑法的宗旨,应该伴随着社会发展,从传统提倡的"杀人偿命、欠债还钱",转向"治病救人",刑法既要成为保护老百姓不受侵害的利器,也要成为防止老百姓犯罪的良方。所以我的一系列刑罚改革意见中,就包括赦免机制。

我曾多次向有关部门建议,应当对罪犯进行科学评估,对不会或无能力再去危害社会和民众的罪犯,就可以考虑

六、关注刑事司法制度改革

予以赦免。古今中外的政权都有过赦免机制。罪犯的一时罪行,不意味着会长期多次犯罪。适度的启用赦免,一来能体现国家的仁政,激发群众对国家和党的敬爱之情;二来可感化罪犯及早悔改;最后还能缓解监狱压力。1954年制定的《宪法》中,就有大赦和特赦制度;其中,全国人民代表大会拥有大赦的权力,全国人大常委会拥有特赦的权力;赦免令均应由国家主席发布。之后的几部宪法,只规定了特赦制度而未规定大赦。1959年12月4日至1975年3月19日期间,针对当时大量在押的战争罪犯(第一次特赦也针对反革命罪犯和普通刑事罪犯),我国一共实行了7次特赦。1975年3月19日,在没有设定任何前提条件下,我国全部在押的战争罪犯都被赦免,释放出狱并授以公民权。这些赦免举措,体现了中国共产党伟大的胸襟和惩办与宽大相结合的刑事政策,也为新中国赢得了人心和力量。

我以前曾就我国罪犯监禁情况的现状,专门向全国人大常委会提出启用赦免的建议,但如石沉大海,一直没有得到任何回复。事后有人向我透露,全国人大的有关部门其实很关注我的建议,还在某次会议上专门拿出来讨论。但更多的人对此还处于无概念状态,漠然置之,还有一部分人提出各种反对意见。最终只能是不了了之。

我虽然深感遗憾,但毫不灰心。新中国成立60周年前后，我当时受聘担任北京师范大学刑事法律科学研究院名誉院长，就与我的学生、北京师范大学刑事法律科学研究院院长赵秉志商议，认为这是个启用赦免难得的时机。在我俩的发动下，征求了全国众多专家学者的意见后，以北京师范大学刑事法律科学研究院的名义，上书全国人大常委会和最高人民法院、最高人民检察院，建议在新中国成立60周年庆典的日子里实行特赦。最高人民法院对这个建议表示高度认可，但由于其他部门的意见不一，出于种种考虑，决策层还是放弃了。可是，我的信心却更足了，至少司法部门给出了正面的态度，比起上一次无音无信，又前进了一大步。

2015年，在纪念抗日战争暨世界反法西斯战争胜利70周年之际，我和我的团队再次向有关部门提交了一系列关于"特赦"的研究报告。或许也正是刑法学者们百折不回的努力，赦免理念逐渐得到社会各个阶层的认可。时隔1975年赦免之后的第40年，抗战胜利70周年之际的2015年，在司法实务部门与刑法学术界共同推动下，十二届全国人大常委会第十六次会议于2015年8月29日通过了《关于特赦部分服刑罪犯的决定》，决定对"参加过中国人民抗日战争、中国人民解放战争的服刑罪犯""中华人民共和国成立以后，参加过保卫国家主权、安全和领土完整对外作战的服刑罪犯（但几种严重犯罪的罪犯除外）""年满七十五周岁、身体严重残疾且生活不能自理的服刑罪犯"和"犯罪的时候不满十八周岁,被判处三年以下有期徒刑或者剩余刑期在一年以下的服刑罪犯(但几种严重犯罪的罪犯除外)"四类人员实行特赦。同日,国家主席习近平签署了特赦令,中华人民共和国的法治建设又辗转迈上了一个台阶。在此次特赦决定研拟过程中,我应邀参与讨论,提出一些完善意见,并应中央政法委邀约撰写供中央主流媒体采用的解读文章,也接受过主流媒体采访。

傅 您和其他刑法学家曾对多起刑事案件作过论证,社会上众说纷纭,请您谈谈这方面的情况。

高 法律的生命力在于适用,刑法学更是如此。学术研究,倘若一味地闭门造车,势必脱离实际,不利于进步;倘若学术发展不能造福百姓,那也就失去了现实价值。这些年来,人们的生活模式发生变化,刑事案件也变得复杂而多元,出现了许多前所未有的疑点难点。不少学术界专家常感到束手无策,那些直接或间接涉案的普通老百姓,更是身感欲告无门。我们发现这个现象后,成立了疑难刑事问题咨询组织,以自身强大的专家团队为依托,接受社会各界人士和团体的咨询,组织专家进行研讨。我曾多次参与疑难个案研讨,为一些在社会上和学术界产生影响力的案件提出意见,为司法机关如何援引法律提供参考。

在欧美国家,一直都存在类似的机构,北京师范大学刑事法律科学研究院成立的疑难刑事问题咨询委员会却是我国进行尝试的第一家机构。疑难刑事问题咨询委员会的成员甚至表示,越是难以解决的难题我们越欢迎。困难就意味着挑战,解决困难就意味着提升,既能为老百姓排忧解难,又能提高自我水平,何乐而不为?从更为深层次的角度来看,疑点难点的出现,展示了社会的新现象和新变化,也启发了专家学者的心智,先人一步开启对新领域的研究,有些问题还能引发整个学术界的思考和创新。在论证的案件中,为了防止出现干预司法机关正常办案的情况,我们在论证意见书上写明"以上论证意见,谨供有关司法机关参考。非经同意,任何人不得将本法律意见书的内容和文本通过网络和媒体进行传播"。

傅 在这方面,有无具体的案例?

高 这方面的案例不少。如:1999年11月7日,浙江思源昆仑律师事务所主任吕思源来京请求对被某市中级人民法院认定构成贪污罪、判处死刑、剥夺政治权利终身的吕××案作专家论证。对此案在一审判决10天前(一审于6月22日判决,我们第一次论证是在6月12日)我已与樊凤林、单长宗、丁慕英、赵秉志几位教授作过论证,已深知判决的谬误。我深感人命关天,不可儿戏;法律尊严,不容凌辱。于是又与王作富、杨敦先、梁华仁、张泗汉几位教授一起作了第二次论证。两次论证都针对"吕××在1993年11月至1995年5月间，利用职务便利，在负责经办本单位的资金拆借、资金经营的业务活动过程中，采取收取利息、利差款私下全部或部分截留不入账的手段，侵吞公款总计人民币2 987 372元，构成贪污罪"的指控作了充分研讨：首先，截留的利差款进入吕××"个人控制"的账户不等于就是"侵吞"；其次，从利差走向的全过程分析，不存在所有权的转移。因此，吕××的行为不构成贪污罪。二审省高级人民法院改判吕××死缓。

七、热心公益，建立基金造福后人

傅 "京师高铭暄刑事法学发展基金"是如何建立起来的？

高 中国加入国际刑法学协会之后，国内的刑法学术界接触到了大量新事物，在科学、灵活的机制上有许多我们感到可以借鉴的东西。例如，欧美国家喜欢以学术界名家的姓名来命名学术基金会，借助名家效应广泛吸纳资金，确保基金会的长远生存。基金会这种公益性组织，可以补充官方科研经费的不足，为贫困学生提供经济支持等，有利于学术长效健康发展。赵秉志觉得这是支持学术发展的好办法，在他心目中，在中国刑法学术界设立冠名基金，首要人选应该就是我。

那时赵秉志还在中国人民大学担任刑事法律科学研究中心主任，他计划以本单位作为依托，创建"高铭暄刑法学建设基金"。我当时听后吓了一跳。学术研究是他的工作和责任，属于公务范围，名字却是私人的。我的原则是不喜欢在工作中掺入私人因素，更不要拿我的姓名来说事儿。

而赵秉志却大不以为然,冠名基金比比皆是,老一辈法学家钱端升,就设置"钱端升法学研究成果奖"。像我这样极具代表性的学者,成立基金会是情理之中。赵秉志考虑到,我任教数十年,门下桃李满蹊,在学术界具有一定号召力,以我冠名基金,会产生良好效应。

我渐渐被他说得心动了。中国科研活动的基金基本上是通过向政府机关申请项目得来。项目与申请者之间,一直是僧多粥少。我最后说:"既然是为了支持刑法学发展,需要用我的名义,那就用吧。"

2009年高铭暄先生与赵秉志教授于埃及金字塔旁

2002年12月28日,在中国人民大学的逸夫会议中心,隆重举行了"高铭暄刑法学建设基金"成立仪式,掀开了中国刑法学术界以法学家的名字冠名基金的扉页。我在仪式上作了发言,现场为基金捐赠了6万元。事后,有位与我关系密切的学生劝我,像您这样年纪一大把的老学者,就不必再掏腰包了。我说,这可是以我的姓名冠名的基金,当然要带头捐钱。此后多年,我几次给这个基金捐钱。之后,中国人民大学还创建了"王作富刑法学发展基金"。武汉大学参考了"高铭暄刑法学建设基金"创建先例,以马克昌来冠名基金。全国各大刑法学科研机构看到了名家冠名公益基金带来的好处,纷纷设法筹建。目前,我国刑法学领域的冠名基金已达数十支。

赵秉志入主北京师范大学刑事法律科学研究院后,希望在自己创建的科研平台上拥有老师冠名的基金。他征求我同意,与中国人民大学交涉,撤销了中国人民大学"高铭暄刑法学建设基金",并把基金一点点余额移交给北京师范大学刑事法律科学研究院。北京师范大学刑事法律科学研究院把这个基金命名为"京师高铭暄刑事法学发展基金",重新制定宗旨、章程和管理机制,明确指出所筹措的钱款仅限于法学、尤其是刑事法学的教育与科研之用。"京师高铭暄刑事法学发展基金"的创建,对北京师范大学刑事法律科学研究院而言是件大事。时值2009年的北京师范大学刑事法律科学研究院创建四周年,大家纷纷建议举办周年庆活动。赵秉志在福建省武夷山参加的一个学术活动上当众宣布,作为周年庆的活动之一,将举行"京师高铭暄刑事法学发展基金"成立仪式。我当时也在场，就跟大伙说："大家都认为成立这样一个基金是有必要的，而且是用我的名字来冠名，我必须支持。成立现场我再捐这个数。"伸出了三个手指。在场的人们理所当然地认为，这代表的大概是3万元。不知谁还笑着插了一句："高老师其实可以不用捐的，3万元也捐得太多了。"我说："我捐30万元，花在学术发展上，不算多。"大家都愣了一下，在一旁的王秀梅忍不住嘀咕："都一大把年纪了，就赚点工资和稿费，还是省吃俭用留下来的，这一下子捐的，是多少血汗！"钱财这些身外之物，生不带来，死不带去。能省则省，该花就花。要花在刀刃上，花在学术研究上，值！希望以绵薄之力激励刑法学界的青年才俊，促进中国刑事法学事业的发展与繁荣，推动中国刑事法治建设的进程。

同年8月，由北京师范大学刑事法律科学研究院主办了"京师高铭暄刑事法学发展基金"成立仪式，还召开了座谈会，阐明了基金成立的必要性和款项的使用方向，我被聘请为基金的名誉主席。将早就准备好的存折，当场交给了基金的管理机构。参与座谈会的专家学者们纷纷解囊捐赠，基金总金额一下子就达到了200多万元。此后，许多全国刑法研究大大小小活动中，但凡涉及公益资助的部分，"京师高铭暄刑事法学发展基金"的字样不时出现其中。

傅 我与您相交多年,说句实在话,您实际上对自己是"很抠"的!马克昌先生去世后的第二年,我陪您参加了武汉大学举办的马克昌先生追思会,在赴老家的列车上,我俩去餐车吃饭,花了多少钱不知道您还记得吗?

高 真的没印象了。

傅 当时是您付的钱,这张小票我至今还保存着。我们俩当时点了两碗饭,一个炒茄子,一个鸡蛋汤,共花了32块钱。可我知道,那段时间,您捐出的钱已超出了20万元。

高 (不语)

八、享誉中外众望所归,树立中国刑法新形象

傅 您是何时获得切萨雷·贝卡里亚奖的？

高 2015年4月12日，联合国第十三届预防犯罪与刑事司法大会在卡塔尔首都多哈国际会议中心开幕。会议的第四天，即4月15日，国际刑法学协会三任主席巴西奥尼教授、德拉奎斯塔教授、维尔瓦艾尔教授，国际犯罪学会主席维阿诺教授，国际社会防卫学会秘书长维格诺教授以及联合国毒品与犯罪预防办公室前官员、著名专家学者等云集一堂，借第十三届联合国预防犯罪和刑事司法大会之机，共同见证国际社会防卫学会授予我切萨雷·贝卡里亚奖。国际社会防卫学会的官方文件阐述我的获奖理由是："在中国基于人权保障与人道主义刑事政策发展现代刑法学所取得的巨大成就。他的教学研究培养造就了一大批资深学者，他们活跃在各世界知名高校，如今已成长为国际学术界的栋梁之才。"国际社会防卫学会在联合国经济和社会理事会享有咨商地位，切萨雷·贝卡里亚奖是刑法学界一项极具分量的国际性大奖,旨在表彰全世界在刑事法律领域为推动实现法治精神与人道关怀作出巨大贡献的贤达之士,素有刑法学的"诺贝尔奖"之称。我是首位获此殊荣的亚洲人。国际社会防卫学会这次举行的颁奖大会,把崇高的"切萨雷·贝卡里亚奖"颁发给一位中国刑法学者,这是具有历史性突破意义的,因为中国刑法学者从未获得过这样有分量的国际性大奖。我最初听到这个奖项首次颁给亚洲人并且是自己的时候,我和别人一样感觉是难以置信的,因为对于这样的奖项,中国并没有申报,而是提名制评选。惶恐之余,我的心情最终由惊讶变成了惊喜。的确,这是一个不平凡的日子,这是对我莫大的鼓舞、奖励和鞭策。当然,这也从另一个方面证明经过中国刑法学界的共同努力,中国刑法已被国际知悉,中国刑法学的国际化已被广泛认可,正在走向国际。这既是对我本人的肯定与鼓励,也是对改革开放以来中国刑法学研究与刑法学者所取得的显著成绩的表彰,更是对中国刑法学者多年来在刑法国际化方面不懈努力的充分肯定。同时,这也反映了国际社会对中国刑事法治走向科学化、民主化、现代化和国际化进程的高度关注与普遍认同。

考虑再三,在颁奖典礼上我用英语作了获奖答谢辞。因为这是国际惯例,同时也是对会议主办方的尊重。我认为我获得的荣誉是国际社会给我们中国刑法学界的,应当

八、享誉中外众望所归，树立中国刑法新形象

国际社会防卫学会2015年4月15日在多哈
授予高铭暄先生"切萨雷·贝卡里亚奖"证书

与师友和中国刑法学界共享。所以我在颁奖典礼上说："这是对中国刑法学界的积极肯定，也是对我所在的工作单位北京师范大学刑事法律科学研究院和中国人民大学法学院辛勤耕耘、为法治事业作出卓越贡献的积极肯定。这也反映了国际社会对中国刑事法治走向科学化、民主化和现代化的高度关注和殷切期待。""这份光荣不仅仅属于我个人，首先属于我的祖国，属于中国刑法学界，属于所有关心、帮助和支持我的中外朋友，属于我的师长、同事和同学们……"

傅 据说当时还有几位重量级候选人，您是经过差额投票

胜出的。

高 好像是这样的,"切萨雷·贝卡里亚奖"的候选人有包括梵蒂冈教皇在内的多位世界知名人士,投票后按差额确定当选人。

傅 这说明国际刑法学界对中国刑法学界的认可,中国刑法学在国际上的地位提高了。

高 是的。我指导的博士吴声说过一件很有意思的事:他到美国纽约大学访问,纽约大学研究中心主任听说他是我的学生,专门破例请他吃过一次饭,他身在美国都沾光了。

傅 在欢迎您获得日本早稻田大学名誉博士学位的座谈会上,中国人民大学的韩大元说过:"因为我年轻的时候在日本留学过,知道名誉博士比博士学位难得多。名誉博士是对一个人始终坚持的学术理念、学术追求、学术成果的一个综合评价。只要懂得、了解日本的学术传统的学界同仁们,都会感到它的分量。"您是何时获得日本早稻田大学授予的名誉博士的?

八、 享誉中外众望所归，树立中国刑法新形象　215

日本早稻田大学授予高铭暄名誉博士学位的赠呈式现场

日本早稻田大学校长镰田薰授予高铭暄先生名誉博士证书（左一为早稻田大学前校长西原春夫先生）

高 日本早稻田大学创建于1882年,其历史悠久,蜚声国内外,是当今日本乃至全球的名校,也是长期致力于中日友好文化交往的名校。早稻田大学的名誉博士学位入选标准非常严格。主要是授予在国际上负有盛名、有杰出成就的政治家、社会活动家和学术大师。由于历史条件的限制,我在求学阶段未能攻读博士学位,但我是1984年1月经国务院学位委员会批准的我国刑法学专业第一位博士生导师。30多年来我在中国人民大学和北京师范大学招收、培养了67位刑法学博士,其中已毕业获得博士学位的63位,在读的还有4位。2017年8月,北京师范大学刑事法律科学研究院成立12周年院庆时,我曾说过:孔子是"三千弟子,七十二贤人",我远不如,只带了六十几位博士。所以我要向孔圣人学习、学习、再学习!当场就有人说:您不是还带了10位硕士、十几位博士后吗?国际社会防卫学会授予我"切萨雷·贝卡里亚奖"时的颁奖词就提到"培养造就了一大批资深学者"。我有时也会说,当了三十多年的博导,培养了赵秉志、陈兴良、姜伟、周振想、黄京平、邱兴隆、王秀梅等一大批法学博士,而自己却没有博士学位,确实有些遗憾。这次日本早稻田大学授予我名誉法学博士学位,可以说弥补了我的遗憾,同时也是对我六十多年来所追求的学术成果、学术思想的一种肯定。《法制日报》报道此事的标题就是"八十八岁高铭暄教授成为最年

八、享誉中外众望所归，树立中国刑法新形象 217

长'法学博士'"。报道称："高铭暄教授以年近九旬的高龄获得外国名校的名誉法学博士学位，创造了我国法学界一项奇迹性记录。"在当天的座谈会上，我的学生们好像事先说好了似的，赵秉志、邱兴隆等许多人不像以前一样喊我"高老师"，而叫我"高博士"。我想，先当博导，然后再取得博士学位的，估计不多吧！

傅 我在您的办公室里，看到全国人大前委员长李鹏赠给您的《立法与监督：李鹏人大日记》，据说在这本书中曾提及您，请说一下此事？

高 我与李鹏同志有多次相遇交集。其中一次是1999年6月21日我应邀为全国人大常委会成员作法制讲座。从1998年6月开始，九届全国人大常委会邀请知名专家开办系列法制讲座。我是第九讲，讲座的题目是"我国的刑法和刑事诉讼制度"。时任全国人大常务委员会委员长的李鹏是讲座的主持人。但李鹏同志送我书不是因讲座这件事，而是因为我在第三个《中华人民共和国宪法修正案》草案征求法学专家意见会上发了言。李鹏同志的《立法与监督：李鹏人大日记》一书是2005年送我的，书的第九章完善治国安邦的总章程"征求法律专家意见"一节中，记载了1998年2月22日上午，全国人大常委会召集15位教授、研究员和宪法修改小组成员参加，讨论第三次宪法规定修正稿的情形。书中第 259—261 页有两处提到我。其中一处是"人民大学高铭暄教授也同意写上有关人权的条款，但不同意以'惩治'代替'镇压'，因为暴乱可能是群体"。另一处是"……同意写上保护人权"等内容。我的这些观点基本上在后来 1999 年 3 月 15 日九届全国人大二次会议通过的《中华人民共和国宪法修正案》中得到印证。

傅 在您的办公室里，我还看到了另一本专著，是前最高人民法院院长肖扬首席大法官送您的？

高 是的。那是 2012 年出版的《肖扬法治文集》。就在 2017 年的 11 月 20 日，他还邀请我到他家做客，将他新出的《肖扬：法治讲演录》（上下）送我，并在书的扉页写了："敬请高铭暄老师批评 学生肖扬"。说是向老师"交作业"。他对我很尊重，一直叫我"高老师"。退出最高人民法院的领导岗位后，还多次约我到他家做客或者他到我单位来看望我。1957 年他和前最高人民法院副院长祝铭山在中国人民大学就读本科时，是我为他们讲授刑法课。我多年来一直担任最高人民法院特邀咨询员，多次应最高人民法院的邀请，为重大疑难案件进行法律咨询论证，也多次列席最高人民法院的全国审判工作会议，参加他们的理论研讨活动，交往还是比较多的。

八、享誉中外众望所归,树立中国刑法新形象

前最高人民法院院长肖扬大法官到北京师范大学刑事
法律科学研究院视察时与高铭暄先生互赠著作

傅 可以给当代专注刑法学领域研究的年轻人一些建议吗?

高 《新京报》记者曾问过同样的问题,我当时的回答是:我跟年轻人打了一辈子交道,他们的优点很多,比如观察问题比较敏锐,记忆力强,外语出色,使用电子信息工具比我们好。年轻人做学问,不要浮躁,心要静下来,冷板凳也要坐,要下工夫解决问题,力求全面、系统、深入。有些人快是快,写的东西却经不起推敲。做学问的诱惑很多,不要被这些诱惑所左右,也千万不要抄袭。政治上强,业务上精,方法要对,作风要正,文风要好,这是我对学生们的期望,也是多少年来自己的经验之谈。

傅 您在今后的日子里，有何打算？对中国刑法学界有何希望？

高 在欢迎我喜获日本早稻田大学名誉博士学位座谈会上我曾说过："我这个人年纪比许多同仁长了一些，经历可能多一点，我感觉，是历史的需要和机遇把我推上这个刑法学界的位置，并不是我的智商有什么过人之处。我的成就比起现在有些弟子们的成就，老实说还是有差距的。我在教育方面，在学术研究方面，远不如我的一些弟子们的成就。这也符合韩愈讲的一句话，'师不必贤于弟子，弟子不必不如师'。也就是说，'青出于蓝而胜于蓝'，'长江后浪推前浪，一浪更比一浪高'。""我自己几斤几两，心中还

2010年9月9日，时任中共中央总书记的胡锦涛同志在视察中国人民大学法学院时与高铭暄等老教授亲切握手

八、享誉中外众望所归,树立中国刑法新形象

是有数的,不是那么完美。只不过是历史和机遇把我推上这样一个位置。"

当然,我从事这份职业也有一点目标追求,我是想把中国刑法学能够搞上去,不甘心落后,要跻身于世界民族之林,让世界承认中国刑法学也是有它的特色和独到之处的。我们要有道路自信、理论自信、制度自信、文化自信,立足本国的国情、社情,在继承本民族优良的刑法文化传统、注重刑法本土化建设、兼收并蓄外国刑法先进合理的文明成果的基础上,审慎剖析,形成具有中国特色的社会主义刑法理念,使我国刑法朝着更为科学、文明和人道的方向发展,推进中国的法治经验走向世界,增强中国法学和中国法治的国际影响力,这对于推动我国刑事法治建设的发展是极具现实意义的。我们中国的理论基础自远古以来就存在。据我所知,中国从夏朝开始就有刑法的一些规定,从夏商周一直到清朝几千年的历史,哪一个朝代没有刑法?而且有一些传统刑法的东西,表现在《唐律》《宋刑统》《元典章》《明律》和《大清律》中。这中间总结了很多刑法的理论观点,或者说是一些制度上的规定,有精华的东西,有一个深厚的历史渊源。

现实的立法和司法实践也非常丰富。中国所办的刑事案件比外国任何一个国家都要多,应该可以支撑我们这门学科成为显学。在国内,刑法学确是一门显学,从事刑法

学研究的人不像20世纪80年代初那样少,现在从事研究的人仅刑法学教授、研究员就有好几百人。所以,我认为只要我们国家富强,有影响力、有吸引力,刑法学就会做大做强,不会矮人一截,不会跟在西方的屁股后面亦步亦趋,这点志气我是有的。自从1947年,我到浙大读书时,当面聆听恩师李浩培讲授刑法学至今,我与刑法结缘已有七十周年了。我现在年岁已大,但心不老,愿意继续工作。有了工作,心灵上充实,能更好地实现人生价值。总之,还是要老骥伏枥、鞠躬尽瘁,要为中国的法治发展尽自己的微薄之力。

附：我的学生生涯

高铭暄口述　傅跃建整理

(1934年2月——1941年2月在鲜叠小学上学)

傅　小时候的事您还记得吗?

高　大多都不记得了,有些事还是记得比较清楚的。1928年5月,我出生在浙江省玉环县一个叫"鲜叠"的滨海而居的小渔村。鲜叠村三面环山,南面濒临东海,村民都靠打鱼为生。我的祖父没读过书,但很敬重读书人。一般渔民人家,早早就把孩子送到渔船上,我的祖父却把两个儿子都送进学堂读书。

父亲学成后,在上海法院工作,按村民的说法,是"在外面做官的",为高家在乡里挣了不少脸面。我母亲也随父亲到了上海。我的叔叔毕业于温州中学,高中学历,在当地也算是个文化人,一度被推举为乡长,后辗转到宁海法院当了书记官。

傅　您家当时的经济条件如何?

高 我出生时,高家已经是镇上有名的殷户,在我的记忆中,没有见过长辈们为了生计而犯愁。

傅 您父母去上海后,您与谁一起生活?

高 和我祖母生活在一起,她对我很爱惜也很宽容。我每次出门玩耍,祖母总要叮嘱我要保护好自己。我的小伙伴儿来家里玩儿,祖母就拿出零食给他们吃,还招呼他们常来。她从未因为我调皮生过气。但是,要是谁浪费粮食,她就会拉下脸来教训人了。

1934年2月,我不到六岁,就跟一起玩耍的小伙伴们去上学了。村民对文化和教育没有概念,让孩子读书只是为了认识字。一个班级三十多个学生,年龄参差不齐,以超学龄的居多。由于我是提前上学的,在班级里年龄最小,个子也最矮,坐在第一排。第一次走进课堂,看什么都新鲜。教材发下来了,语文课本的第一课,仅仅印着一行字:"来来来,来上学,大家来上学。"小学也有政治教育,每周一要开集体纪念会,孩子跟着老师齐声背诵孙中山的"总理遗嘱"。

傅 当时的学习情况如何?

高 鲜叠小学所在地叫"毛竹下",校园后面紧挨着山。山上长着密密麻麻的毛竹,山下就被喊做"毛竹下"。学校大门朝南,门前有小溪。进校门后,正面是一幢两层高的楼，两侧是两排平房。学校的老师们都很温和，课堂纪律也不严格，除非是孩子们太闹腾，老师一般是不会批评的。下课的铃声一响，老师也就宣布下课，课后也不留作业。同学们很开心，"呼啦啦"地一起跑出去玩。上学后，我多了不少玩伴。

傅 您的学习成绩如何？

高 一年级到二年级，就玩玩闹闹地过去了。大概是年纪太小，没有认识到上学的意义。二年级的期末考试，我的语文成绩只得了 30 分，必须降级重读。祖母对此并不在意，父亲和母亲远在上海，无从得知，也无法管教。然而，身边的同学们都升级了，我觉得又寂寞又羞愧：30 分的成绩单拿出来太丢人了，还为此被迫离开原来的班级！我到了新班级以后，再也不敢像以前那样吊儿郎当了。认真学习之后，我发现读书是件很好玩儿的事，有了动力后成绩一下子就赶上去了。在新班级里，我依然是年纪最小的一个，新同学待我像老同学一样亲切。每次考完试，学校把学生的成绩按优劣顺序贴到布告栏上。看到我的名字排在第一位，同学们就围着喝彩，两个同学手拉手做成"轿子"，把我高高抬起来绕着校园走。

我在小学期间有两次挺"冤"的经历。那时小学生流行带着小刀去学校，除了日常之用，还可以削铅笔。我也随身带着有刀鞘的小刀，用一根细铁链栓在身上。有一次，我和一群同学挤在布告栏前面看布告，随手拉着铁链晃动小刀，小刀被晃得脱了鞘，把旁边一位同学的脸划伤了。伤势虽然不重，但"破相"了。此事非同小可，对方家长闹上门来，祖母忙不迭地赔礼道歉，带着礼物去看望受伤的孩子。因为这件事，一向温和的祖母，狠狠地教训了我。我心里很委屈，但也没有顶嘴。我认为这是无心之过，不该受到严厉的训斥，但也隐约明白，尽管不是故意的，也应该对我的行为负责。

我和一位女同学自幼相识，我们两人的母亲还是好友。有一次，几个班级合并上大课，她坐在我的后排，遇到了一个学习上的难题，就悄悄给我递了张纸条。我把答案写在纸条上递回去。下课后，教导主任郑先生竟然点名要我留下，叫到办公室后声色俱厉地问："给女同学递纸条，这是什么事！问问你爸爸去，这样做行不行？"乡人素来推崇父亲的人品学问，教导主任的言下之意，认为我败坏门风。我满心委屈，不知道自己究竟做错了什么，只好低头认骂，心里懵懵懂懂地认定：这辈子都不能给女生递纸条。直到成年后才隐约想通，那位女同学容颜姣美，教导主任大概认为我举止轻薄。实际上，我那时才八九岁，还没有卿卿我我的意识，万万没想到，递张纸条居然会触犯了社会禁忌。

傅 那时的课外时间您都干些啥？

高 吉庆的日子，村里经常请戏班子来唱戏，大部分是京剧。我听得多了，也能整段整段地唱。从那时开始，我就喜欢上了京剧。1937年"七七事变"之后，全国掀起抗日高潮，戏台上又多了一种话剧，村民们就称为"文明戏"，题材多是宣传抗战。当时政府要求学校设文明戏业余课程，我也参加了，和同学上台表演。学校里还教同学们唱抗战歌曲，我那时还听不懂歌词唱的是什么，只觉得曲调激昂，充满正气。抗日氛围越来越浓烈，村里人们日常集聚的地方，贴上各种抗战宣传大字报："国家至上、民族至上""意志统一、行动统一""军事第一、胜利第一"等。

傅 小学期间，有哪些难忘的事？

高 临近小学毕业，我已经认识了不少字，父亲寄来家书，祖母不用再去求邻家的老先生读信，而是让我读。在鲜叠的一家老小，都把我当做文化人来看。我这个"文化人"还出过大洋相。我的小姑姑开了家杂货店，平常要托人到温州城里进货。小姑姑不识字，一向是请人誊写进货清单。那天我正好在店里，她就拉我来写，我当然不能推辞。她一边报，我用笔记。小姑姑报到"盘菜XX斤"，我认为"盘菜"是俗名，就换上学名"芫菁"，写上"芫菁XX斤"。进货的人回来了，交割完钱货，一脸懵懂地说：问遍了整个市场，也找不到"芫菁"。小姑姑最后问我，把我问得满脸通红，却也让我明白了："芫菁"是学名，卖菜的人看不懂，还是该写"盘菜"，就像写文章，是给别人看的，不是写给自己看的，文绉绉的装模作样，连菜都买不了呢！

1941年2月的一天，学校小学毕业考试放榜通知，榜上无名就拿不毕业证。我习惯倒数着往上看榜，我越看越心慌，怎么还找不到我的名字呢？直到最顶端才看清楚：原来我得了毕业考试第一名。

[1941年2月—1944年春季就读瓯海（公学）中学初中部]

傅 进初中了，说说那时的事？

高 小学毕业后，我是那一届鲜叠小学毕业生中唯一考上了温州瓯海公学的学生，亲朋好友纷纷来我家道贺。当时瓯海公学的学费是以大米来计算的。像我这样的农村子弟，大都直接挑着大米去缴学费。第一次去温州时，老长工挑着装满大米的簟箩，我跟在后头。先是翻过几座山岭到大麦屿，乘船到达乐清境内的蒲岐，步行到乐清政府所在地的乐城，然后是六十里水路、三个钟头航程的河轮到琯头，一路穿过峡门、柳市、白象等地，到了琯头再换一班渡轮才到温州。

瓯海公学始建于1925年,坐落于温州市九山湖畔的蛟翔巷,是温州"谷同春"酱园老板谷寅侯先生出资创办的,他自任第一任校长。学校分设初中部和高中部,虽是私立学校,但到处聘请名师,所以教学质量很好。瓯海公学的整体教学水平当时仅次于温州中学。谷校长矮矮胖胖的,笑容可掬,对学生很和善,大家都很喜欢他。1942年,瓯海公学更名为瓯海中学。1956年,瓯海中学由私立改为公立,更名为温州第四中学。

瓯海中学的考试,在教育界是出了名的严格。考场的讲台桌上摞着一沓沓未拆封的信件,都是有钱、有权人家发来说情的。监考老师虎着脸,原封不动地把说情信件搬到考场上,以示清高和清白,这一举动也让我们这些学生能安心考试,不必担心机会被有钱有势的人抢走。当时社会上对知识很尊重,一大群学生在街头杂货店买东西,店员看学生的校徽区别对待,温州中学的学生是贵客,先接待完了才问瓯海中学的学生,其他学校的学生一律往后站。

我就读的那一届,瓯海公学正式录取名额共150名,备取名额大概几十名。我的成绩是第146名,在小渔村里第一名的成绩,在这里却是倒数的名次。那个年代,乡下的学校里没有什么优质教师,教育程度不均衡非常严重。

到了温州,我初次见到了电灯、电话。有一天晚自习,教室里的电灯忽然灭了,我把灯泡拧下来,看了看没发现什么名堂,就把大拇指探进灯头,想试一试是否有电。"啪"的一声,手指被弹出来,又麻又疼,同学们纷纷笑话我。和城里的同学比起来,我确实是个没见过世面的乡下孩子,什么都不懂。在同学的哄笑声中,我暗暗下决心:不能输给城里的孩子!

瓯海公学只有少数学生走读,大多数在学校寄宿,起床、上课、吃饭、睡觉,都有规定的时间。一个房间住七八个人,睡的是格子床,无私人空间。餐厅规定八个同学一桌吃饭,四菜一汤,菜蔬中偶尔会有点肉丝,米饭管饱,但菜往往不够,吃得慢的会没菜下饭。开饭时,学生们围着桌子站成一圈,一阵狼吞虎咽了事。我经常听城里的孩子抱怨说菜太难吃,我心里却不以为然。睡觉能安,吃饭能饱,每日有所学,对我这个乡下孩子来说,满意极了。

远在上海的父亲,听说儿子考上了瓯海公学,大概也很开心。父亲会定期给家中写信报平安,询问一家老小的情况。我读初中后,父亲的家书就不再写给祖母,转而写给我了。父亲的每封来信,都问及学习情况,最后总少不了叮嘱我要认真读书。那个年代上大学是件大事,大学入学考试的门槛很高,一般家庭也支付不起上大学的学费,不少好学的孩子,就因为没钱放弃了上大学。父亲一再在信中承诺,只要我能考上大学,无论如何也会供养我大学

高铭暄先生的父亲高鸣鹤遗照

毕业。在父亲的殷殷教导下,我下定决心,这辈子一定要拿到大学文凭。

傅 您还记得初中的那些事吗?

高 1941年2月考上初中,就是温州瓯海中学,即现在的温州第四中学,在九山那个地方。我入学是在1941年的春季,二月份就开学了。刚入学两个月,学校就遭到日军轰炸,我记得是1941年的4月16日,日军把瓯海中学的礼堂给炸了,师生随时都有生命危险。学校只好暂停课程,让学生们回家避难。大部分学生都是温州市区人,直接回家了。我们十多个郊县的学生,回家的路已被日军截断。轰炸后的第二天校方决定,由教导主任方宗苞带着我们这些学生撤离,我将行李打包交由学校的门房保管。方宗苞先生一直任教地理课，对温州的地形地势非常熟悉。他问清楚学生们的家，然后找好路线避开日军把守的关卡，把我们逐个送到家。那年我才13岁。从温州城出来经瞿溪到温溪，再过瓯江到青田，然后是每天翻山越岭地往乐清方向走，那地方就比较偏了，日军到不了。就这样，一直走到乐清虹桥。

温州市江心屿东塔（1941年4月16日，日本侵略者轰炸温州城时，高铭暄先生曾在此塔下躲避日军飞机的炸弹）

傅 之后您又到哪了?

高 我自己从蒲岐坐航船回到玉环,到了大麦屿再走山路,回到我姑母家。

傅 那时候您一家人都在您姑母那里住?

高 对,都在那里避难。

傅 在姑母家住了多久?

高 没多久,我就回到了鲜叠家里。也许是路上劳累,也可能是受点风寒,一回家我就大病了一场。这一段时间是在担惊受怕中度过的,虽然我们在路上没有遇到日本人,但是总归是逃难。后来听说我们离开不久(1941 年 4 月 19 日)日本人就进温州了。

(1944 年 2 月—1947 年 8 月在温州中学高中部就读)

傅 您是什么时候接到温州中学的录取通知书的?

高 好像是我初中快毕业的时候,我记得是在初中三年级的下学期就参加中考了,考了以后不久就拿到录取通知书了。

当时考上温州中学的学生有十几个人。那时候不像现在一年招收几百人,当时只有几十个人。温州中学当时的一个年级就两个班,一个班估计也就二三十人。我考初中时成绩不怎么样。从我故乡的小学到温州是一个大跃进。我们毕竟是乡下的小学,当时成绩在乡下还不错,考上温州的中学后,就觉得成绩一般了。

2016年6月,高铭暄先生在温州中学高中部旧址前的留影(现为温州第八中学)

傅 考上高中您高兴吗?

高 当然高兴了,那时候玉环还没有中学,玉环中学是后来才有的,办得比较晚。初中时我的学习进步比较大,拉近了与城里学生的距离。初中念下来和他们的成绩差不多了,在班里的成绩也算是可以的,所以考上高中也就不意外了。考上温州中学后感觉是有点光荣的,当时觉得温州中学是省立的,考上以后带上校徽有点自豪感。温州中学的高中师资很不错,有很多老师的名字和音容笑貌都深深刻在我的脑子里。

傅 说说当时温州中学高中教育给您留下印象最深的或者是对您之后的成长道路影响较大的人和事？

高 温州中学是当时温州地区唯一的一家省立学校，代表着温州的最优教育水平，学费也便宜。温州中学的高中部在五马桥附近。温州中学有发领章和校徽，一边领章上镌刻着"温州中学"，另一边是编号，我的编号是"222"号。佩戴着温州中学的领章和校徽走在五马街上，用现在的话来说，回头率是相当高的！教学质量高，我收获很大。

当时的教师中有一位名叫董朴垞的，是北平燕京大学国学研究所的研究生，曾经编写了《中国史学史》。人好，书教得也非常好，板书很漂亮。他要求我们一定要学好语文，作文一定要遣词造句，文理通顺，这是一辈子都用得着的。杨悦礼先生也是很有名的，我读初中时他教我们数学，后来他到温州中学教英文。我印象最深的是他教我们莎士比亚的《威尼斯商人》。这篇英文要求我们背，我花了些时间从头到尾把它背下来。当时每天早上起来念英文、背诵。周守常老师是教体育的，他善于引导学生对体育的兴趣，教课认真，对学生总是笑眯眯的，从不发火。

傅 他们上课都讲些什么内容？

高 周守常老师讲体育的重要性，身体很重要，一定要锻炼好。他指导我打乒乓球。学校的乒乓球桌不多，同学们要轮流上，通常是以输赢定打球权，打输了换人，打赢的就可以一直打下去。赢的人老站在乒乓球桌面前，被称为"站台"。我很喜欢乒乓球，打得也不错，经常是一放学就跑去打乒乓球，一上来就牢牢"站台"，直到大家散去。苏尔寿老师是教我们化学的，他英语很好，在海关工作过。我对高中教育的每一门课都有兴趣。还有一位教数学的李筱遐老师，乐清人，他家兄弟三人，两个都在温州中学教书，他的大哥李志遐，是教语文的，教得也很好。还有一位名叫李守震的老师，是教化学的，他的化学教得很好，但是我没有听过他的课。我为什么和李守震结识呢，因为他爱好京剧，我在中学的时候就喜欢京剧，喜欢余派唱腔，他在业余时老约我到他房间里，让我唱，他拉京胡，我跟他有这点儿私交。还有一位是潘彤，教务处的，他也爱好京剧，唱花脸。我们曾同台演出过《捉放曹》，是戏友。还有一位单守栋先生，是教物理的，尽管我没有听过他的课，但大家都说他教得极好，有口皆碑。后来他进入大学教书了。

傅 大家都知道单守栋物理教得好，李守震化学教得好？

高 对，这是公认的。不久李守震就到上海去工作了，说明温州中学当时的师资非常强。喔，还有一位老师我忘了

1957年7月15日，中华人民共和国体育运动委员会颁发给高铭暄先生的等级运动员证书

讲，陈铎民，是教地理的。

傅 他是杭州学军中学的创始人，平阳人。

高 对！他的女婿叫白正国，浙江大学的教授，教数学的，是苏步青的学生。苏步青，白正国，接着是谷超豪，我当时在浙江大学的时候谷超豪是助教。白正国的夫人是陈铎民的女儿陈克俭，是我高中的同班同学，我一直都记得很清楚。陈铎民老师给我的印象特别深，他地理教得非常好。我笔记记得快，很大程度上是听他的课练成的，他的每一句话我都记，所以就养成了记笔记的习惯。

傅 为什么他讲的每句话都记？

高 他分析得很清楚，他的语速不快，抑扬顿挫，一字一句的。我当时的动力是对这些课都有兴趣。另外我还考虑到，这些课如不学好是不能考大学的。高中二年级分科时，我选择的是学理科。为什么学理科呢？我当时觉得学理科以后考大学要顺利些，而且文科也是要考数学的。我选理科不是我不爱文科，我在中学时就拿定主意，将来念大学要学文科，而且明确要学法律。当时温州中学经常请名人做讲座，印象最深的是苏步青，我听过他在温州中学的演讲，之后我才知道，苏步青早就有名了。还有词学大家夏承焘，他来温州中学讲李商隐的诗，他对"夕阳返照桃花坞，柳絮飞来片片红"两句的解释，我至今未忘。我从内心感到这些老师真厉害！立志将来一定要像这些老师那样，做个有知识的人。

傅 高中三年过得很开心吧？

高 很开心。还有两件事，一件是我们高中的社团生活，当时我参加京剧的活动都是利用星期日，学唱京剧当时也算是社团生活，没有明确说是什么社，是由高年级的同学徐世耕等发起的，参加的基本上都是学生，有时也会请校外的一些票友来教我们。我的同学当中有几个喜欢京剧的，包括我的同班同学陈治平、金济生。我们排演的京剧剧目如《汾河湾》《捉放曹》《乌盆记》《二堂舍子》等，曾在晚会上演出过。当时在温州中学还有一个话剧团，我记得有一个叫杨善英的同学，还有一个叫严筱雄的同学，演戏演出名了，演过《孔雀胆》，演过《北京人》。当时社团活动比较活跃，所以业余生活比较丰富。还有一个比较值得纪念的是，温州中学举办过征文比赛，我那时大概已经是三年级了，题目我还记得是"如何建设新温中"，我参加了这次征文比赛，洋洋洒洒地写了一万多字的议论文。主要内容大概是，师资要优秀、设备要齐全、学风要端正，才能建设好、成为好学校。

傅 拿到名次了吗？

高 拿了第一名，陈光中是第二名，谷钱国是第三名。陈光中还记得这个事，他记不清题目但记得我是第一名，他是第二名。我的奖品是两本书，一本是吕思勉的《中国通史》，我记得是上下两册，还有一本是钱亦石的《近代世界政治史》。拿到这两本书后，我请金嵘轩校长题词，他给我题了"征文比赛最优纪念"。这两本书，我一直珍藏着。1949年我到北京念书时这两本书我还带着。后来被中国人民大学法律系的吴老师借走了，一直没有还我，吴老师已去世，此书也就下落不明了。对此我颇感遗憾。我还请金校长为我写过一副对联,上联是"贤者虚怀若谷",下联是"圣人气静如兰"。这副对联我裱好后一直挂在杭州我家卧室的墙上,后来因我北上求学,加之我父亲逝世,几经搬迁,此副对联也不知去向了,令我憾上加憾。1947年前后,我还给《温州日报》写过两篇稿子,一篇是用笔名"高显之"发表的《观姊妹花》,写的是戏剧《新姊妹花》的观后感;另一篇用的笔名是"显之",题目是"论竞选"。

高中三年中还有学生运动,我都是随大流的。比如,北平发生"沈崇事件",学生游行、抗暴、反对美军强奸北大学生,温州中学也是积极响应。一般只要学生自治会号召,我都会参加。后来到北京以后才知道温州中学有地下党,我的同班同学谷钱国就是地下党员,解放后他一直在北京八机部工作,直至离休。从他那里了解到,温州中学当时的学生运动,都是地下党领导的。

傅 你高中阶段的学习顺利吗?

高 我高中念了三年半,我是1944年的2月份进温州中学的,1947年的8月毕业,念了三年半,中间耽误了半年。我上高中一年级的时候,日军侵占了温州。日军侵占温州有三次,在我的记忆当中,这是最后一次。当时学校搬到泰顺去了,依据当时的交通条件,我要从玉环到泰顺去读书,太远了,只好在家休学半年。之后我就利用瓯海中学及其老师们搬到雁荡山的机会,到瓯海中学借读了半年。

当年高铭暄先生就读的瓯海公学图书馆旧址

傅 也是高中部?

高 是的,因为高中部办在那里,所以我也就在那里念书,直到1945年抗日战争胜利。1945年9月3日日本投降了，我又回到了温州，那时候已是秋季了。由于我离开温州中学半年，复学的时候需要办一些手续，我就请父亲出面到温州中学找时任校长朱一青说明了我的情况，得到朱校长的认可，顺利解决了继续在温州中学上学的问题。

傅 当时高考填的志愿是什么？

高 那时不分什么第一志愿、第二志愿。

傅 那您想考哪所学校呢？

高 当时的高校没有统一招生制度，每个学校各自独立、自主招生。我记得入学考试的地方有两个，在杭州报考的是浙江大学和武汉大学，在上海报考的是复旦大学。当时复旦大学的考场设在暨南大学，暨南大学现在是在广州，当时是在上海。我报考浙江大学和复旦大学，都是在暨南大学报的名。报考武汉大学是在杭州报名的，没有去过武汉，是武汉大学派人来的。

傅 您是拿了高中毕业证书，找这些大学的招生点，然后报名接着就考试？

高 对。考期通知了就考，当时考的三所学校发榜我都是从报纸上看到的，三个学校都考上了。实际上当时我考了四所学校，浙江大学、武汉大学和复旦大学都考上了，但有一所学校我不知道有没有考上，就是英士大学，后来不办了。英士大学当时不在杭州，好像在浙江龙泉还是其他什么地方，因在杭州设有考点，我就顺便考了一下，英士大学我没见到发榜，我也没有再打听。也许是我没考好，因为它考的作文题目是"我所认识的陈英士先生"，但我只知道陈英士是浙江湖州人，是陈果夫、陈立夫的长辈，是国民党初期的一位革命家，具体有哪些事迹我没有太多的了解，所以我那篇作文分数不可能高。我觉得即使不被录取我也不遗憾，因为那时候浙江大学已经发榜了，浙江大学都考上了，谁还愿意去上英士大学？那时候在浙江，浙江大学是最好的，现在依然如此。

(1947年8月—1949年9月在浙江大学就读)

傅 您就开始上大学了？

高 对，上大学了。我是1947年的8月份到浙江大学报到的，开学是9月。三所学校我为什么选择了浙江大学？我当时也有小算盘，因我父亲在杭州工作，将来毕业找工作会容易一点。我父亲经常跟我说，将来毕业就看你自己的了，他给我指出三条路，或教书，或留学，或从事司法工作，由我自己选择。尽管我念大学是有奖学金的，但零用钱父亲还是要给我一些的。父亲在杭州法院工作，将来我要进入司法界、进入法院工作也可有条途径。当时也不像现在，需要统一司法考试合格才能入司法界的门。

傅 当时流行讲情面吗？

高 我想这是一个"后台"的事情，我父亲当时认识一些人，比如当时杭州地方法院的院长，省高级法院首席检察官等，他都认识、都熟悉的，既然认识、熟悉，把我介绍一下，我想就业不成问题。当然，这些也仅仅是我自己当时的想法，后来也没有这么做。

傅 选择读浙江大学主要就是这个原因？

高 这只是一个，第二个原因是浙江大学有它吸引我的地方。它是我国南方比较著名的高等学府，当时可以说是赫赫有名，号称"东方剑桥"。

傅 有人说，现在浙江大学不如以前了？

高 现在浙江大学仍有它的优势。虽说全国高校排位前三四名未必有它，但十名内肯定是有它的。浙江大学现在的特色，一个是在省会城市里面的大学占地面积最大的，再一个是院士多，比一般的学校要多得多。至于学科专业方面，也有很多发明创造和创新，硕果累累，为国家作出重大贡献。

傅 还有其他原因吗？

高 考浙江大学的想法就是这样的。武汉大学当时也有名，但觉得离家远一点。相较于复旦大学，当时我觉得浙江大学的吸引力更大。

傅 当时更多的考虑可能是去法院、司法界，可以依靠父亲的余荫吧？

高 确也在脑子里掂量过，由于我父亲与杭州司法界的人比较熟悉，所以我觉得自己将来工作会有保障。但当时我的确没有确定将来要当大学教师，这件事是后来大学毕业时才明确的。

傅 当时大学生找工作应该不难吧？

高 理论上说不是很难，因为当时大学毕业生少。但实际上浙江大学法学院于1945年抗战胜利后才成立并开始招生，到杭州解放时还没有毕业生呢。我刚在浙江大学就读时没有考虑将来找工作的问题，我想大学毕业反正是要留在杭州的司法界。一方面是自己想从事这方面的工作，另一方面当时我父亲向我提到省高等法院某首席检察官的孙女，将来可以介绍给我，仅提到过一次，并无下文，也始终没有见过面，但对我当时想留在杭州司法界工作的念头，多少有点儿助推作用。当时这位首席检察官我不认识，只是听父亲讲的，后来到底什么状况我也不知道。

傅 这个时候已经是1947年了，1948年解放战争大局初定了。

高 对。1947年8月我到的杭州，离开杭州是1949年的9月，我在浙江大学两年多的时间。

在浙江大学的大学生活中，有一位老师我多次提到过，他叫李浩培，他对我的影响比较大。他的大学本科是在国内念的，即东吴大学，后来去英国留学，在英国伦敦的政治经济学院念的国际法、政治。他回国以后被武汉大学请去当教授，他来浙江大学法学院当院长以前是武汉大学法律系主任。竺可桢先生当时是浙江大学的校长，考虑到浙江大学的学院设置相对来说是比较完备的。当时的浙江大学已有文学院、理学院、工学院、农学院、师范学院，还有医学院。这些学院浙江大学都已经有所安排，就缺法学院。民国时期的法学院不是光有法律学科，而是包括经济学、政治学、法学三个学科。老北京大学的模式也是这样的，法学院下面有政治学系、法律学系、经济学系。当时的经济学系没有现在受重视，是设在法学院里的。所以竺校长也准备成立有三个系的法学院，但是先成立的是法律系。

傅 然后把李浩培请来？

高 把他请来就是让他筹建法学院的，竺可桢连续做武汉大学的工作，把李浩培请来，到这里就让他当法学院院长。再说李浩培是上海人，家离浙江近。聘请的法律系主任是从中央大学（后改名为"南京大学"）来的赵之远先生，他是搞法理学的。我在浙江大学只上了前头两年的课，第一个学期的课程就有刑法总则，是李浩培教的，院长亲自上课。我们知道他是搞国际法的。前面说过，法学院是1945年开始办的，所以第一届是1945年，第二届是1946年，我是法学院的第三届学生。前两届的一些同学介绍说李先生是非常有名的人，国际法专家，国际私法教得如何好，等等，我才知道他国际法的水平很高。我入学以后看到李浩培院长非常敬业，他经常在办公室看书处理事情。当时浙江大学的校舍是在杭州庆春门大学路那里，后来那里是中医学院所在地。李先生的宿舍在浙江大学北边的刀茅巷，我们经常看到风度翩翩的他步行于宿舍和办公室之间。

后来李浩培先生离开浙江大学到北京，先是到中央人民政府法制委员会，具体的职务可能是专门委员。当时外交部的一位法律顾问倪征㷛，是李先生的同学，推荐李先生到外交部工作，后来李先生也到外交部当法律顾问，两位国际法专家都是外交部法律顾问。他在外交部工作的时间很长，20世纪90年代把他派到前南国际刑事法庭当法官。前南国际刑事法庭法官队伍里面他是资格最老的，年纪也是最大的，他那时都快九十岁了。因为他资格老，国际法方面的造诣深，所以大家对他都很尊重。另外，李浩培先生懂多国语言，除精通英语外，法语、德语他都懂，都能看书，俄语是他在新中国成立后学的，他也翻译过俄语著作。李浩培先生在大学里教的是国际法，尤其擅长国际私法，他在外交学院也当过教授，后来在外交部的工作就不局限于私法了，更多的是国际公法，国际公法、私法他都精通。我在浙江大学第一个学期的上课地点是在华家池。

傅 是浙江大学的一个分部？

高 对，是农学院的所在地，我们差不多第一个学年都在那儿。李浩培先生到华家池上课是走路的，当时学校也有校车，他不坐。大概有五六里路，来回都是走路。给我们的感觉是，这个老师很注意锻炼，把走路作为健身的方法，都做法学院的院长了还步行去上课，自然对他产生了崇敬之心。他的办公桌上摞着很多书，都是外语的，这给我们留下了很深的印象。心里面就想，这才是学者，当院长了还不忘孜孜不倦地做学问。他教我们刑法是很偶然的，我第一个学期听他上刑法的课。他讲课时大家都有教本，我们当时发的教本是赵琛写的《刑法总则》。赵琛也是刑法学家，后来去了台湾，当时他也是国民政府"最高法院"

的法官。李浩培讲课，教本只是给大家作参考，内容他自己讲，讲了很多的案例，讲了很多的原理，讲课很有条理，引人入胜。他的口音有点重，像是昆山的口音，但我能听懂。他的课引起我对刑法的极大兴趣，让我感觉到刑法这门课最有意思。李先生的刑法课影响了我日后对专业道路的选择，我对他充满感激之情。

傅 您喜欢上刑法是否还有别的原因？

高 李先生的刑法课对我的影响是一个重要的原因，另外我父亲当时做法官，也是搞刑事的，这个也影响了我。我寻思自己将来也要做法官，也要搞刑事的。相比之下，前面那个原因是主要的，李浩培先生讲这门课，讲得如此的好，如此的精细，如此的吸引人，我听了以后受益是很大的。后来才知道，我能听李浩培先生的刑法课实际上是巧遇。我从事教学工作后，在北京见到李老师的次数就比较多了，不管是他在外交学院当教授，还是最后做外交部的法律顾问，我不时地会在一些聚会场合见到他。后来我们编一些工具书之类的，如《中华刑法大词典》，他是撰稿人，我也是撰稿人，词条编出来有什么问题就互相讨论。有一次见面闲谈中谈到刑法教学问题，他说他不记得在浙江大学工作时教过刑法，我说我的刑法课就是您讲的，他感到惊异，经过仔细回忆，才想起来。他说："我是讲国际法的，从没有讲过刑法，那次因为该上刑法课的时候刑法教授还没有聘到，所以就自己上了。"李老师以前没有教过刑法，之后也没有再教刑法，就这么一次偶然教学，却让我碰上了，我真的是太荣幸了。后来我在刑法这方面有所成就，在国内也有一些知名度了，李浩培有时就对人讲："高铭暄的刑法是我教的"，他似乎也引以为荣，对我来说则是一种激励。确实是。后来我评教授，要请两个人推荐，其中一位就是李浩培老师，我还送给他我的第一本专著《中华人民共和国刑法的孕育和诞生》。

傅　评教授需要两个人的推荐书吧？

高　需要两个正教授推荐。我评教授是在 1983 年，我的教授不是学校评的，是上面评的。那时候教授比较少，学校没有权评，是要上报到教育部（当时称国家教委）审批，所以我当时报教授与批下来有一段时间间隔，真正批下来是在 1983 年 5 月，申报是在 1982 年。

另外一位推荐我的教授是程筱鹤先生，他是政法大学的教授。我原来在北京大学念书的时候，他是北京大学法律系的助教，也是我的老师。1952 年院系调整，就到北京政法学院了。他是教法理学的。

傅　是中国政法大学？

高　当时叫北京政法学院，改革开放后改名为中国政法大学。

傅 我们还回头讲讲在浙江大学时的事儿吧？

高 浙江大学所在的杭州市1949年5月3日解放了，解放的第二天，在浙江大学校园广场开了一个五四晚会庆祝。那个晚会谭震林参加了，他是陈毅三野部队的副政治委员，指挥解放了浙江。先解放的是上海，后来解放的浙江。三野的谭启龙后来是浙江省委书记。当时不少干部都参加了这个会，谭震林还在会上讲了话。

在浙江大学校园生活中发生过一些大的事情，比如"于子三事件"。于子三是学生会主席，领导学校的学生运动，当时组织了很多活动，后来被国民党杀害了。那时候已经是1947年了，解放战争已经进入关键时期，所以城里的学生运动也就更多了，如反饥饿、反内战这些运动，矛头都是针对国民党的。

傅 您都参加了吗？

高 只要是正义的，号召学生参加，我就参加。

傅 与高中时一样？

高 对，但是我在浙江大学念书以后思想比高中的时候进步了，认识也比以前清楚了。我是比较同情学生运动的，快解放了，学生会组织各种各样的运动，比如游行，迎接解放，晚上组织巡逻保护学校的校产，这些活动我都参加了。我们同学还办过多期进步的壁报，这些活动我也参加了。后来了解到，这些进步的壁报实际是中共地下党组织领导的，只是我当时不了解内情，是凭正义感参加的。就浙江大学来讲，学生运动最大的事件是于子三被杀害。国民党宣布他是自杀，说是用玻璃片割喉自杀的，这个说法我们决不相信。

我们当时的校长是竺可桢，他是著名的气象学家，解放后当过中国科学院的副院长。竺可桢就因为"于子三事件"对国民党很不满，他也去看了于子三，当时竺可桢看到于子三的尸体就晕过去了，特别气愤。所以我们同学后来就号召大家去看，我也去看了。从此更激起我们对国民党的不满，我们的思想也逐渐地发生了变化。

傅 当时看到尸体时有讨论吗？国民党撒谎，你们觉得有明显的破绽吗？

高 也没有正式开会讨论，但这件事的确激起了公愤，一些人看了以后都表示对国民党当局这样迫害学生十分不满。于子三是搞进步运动、学生运动，犯了什么罪，怎么能够任意迫害，甚至动手杀害呢?！这件事对我们的刺激是很大的。"于子三事件"持续发酵，后来学生在校园里集会，纪念于子三，当时我在场。国民党竟然雇用一些社会上的暴徒，拿着木棒进校园捣乱。当时在浙江大学学生集会的广场，后来被称为"子三广场"，就是纪念于子三的。当时集会的场面很壮观，有很多人，集会过程中，一些打手从庆春门里面往广场冲，手拿木棒见人就打。这样一打，许多学生就闪开了，集会就被他们破坏了。当时看到这种场面是令人痛心的。"于子三事件"后，又发生打手打人破坏集会的事件，人们对"于子三事件"的不满就更加强烈了。当时的那些打手有一些后来被我们抓到了，送交法院审判。我父亲当时在杭州地方法院，恰恰是他接手了这个案子，把打手判刑了。当时我父亲办这个案子的时候要开庭，有些细节还不甚了然，他私下问我："你在场，这些人怎么样？"我说："打手实在太可恶了，人家好端端地在开会，他们拿起木棍就打，太坏太坏了。"好像李浩培院长也去法院出庭作证了，当时他也是学校的领导，他曾经当过一段时间浙江大学的训导长，遇到这种事情他也是要管的。

当然，我对国民党反感也有我个人的一点儿原因。当时我父亲租住在杭州龙翔桥一号，就是现在杭州的延安路附近，延安路在解放前叫延龄路，这是一条南北的大道，靠北一点路西，就是龙翔桥，我们家就在那里。我常常是礼拜六下午从浙江大学骑自行车回家，然后礼拜一早上或者是礼拜天晚上骑车回学校。我到学校要经过庆春街，我的宿舍是在学校大院里面的。有一次我骑车从家回学校，在庆春街不小心蹭到了国民党一个军官坐的黄包车（当时黄包车比较多，汽车比较少）的车轮，情况并不严重，车上的军官立即停车下来，不分青红皂白就扇了我一个耳光。这件事给我的印象很深，我感觉国民党军官怎能这样不讲理，不过是轻轻地蹭了一下，碰了一下，结果他就下车重重地打了我一个耳光，还狠狠地瞪了我一眼，明显是在耍威风，我当时心想，不能与他争执，否则可能会吃大亏，就忍着没和他理论，他就上车走了。我牢牢记住了这件事，深感国民党的这些军官就是这么残暴！这也算是我的一次被侮辱的人生经历吧。

傅 毕竟是一个学生和一个军官之间的矛盾，学生吃亏了。

高 他也不问我是怎么回事？二话不说就一巴掌打过来了。记忆中除了父亲打过我一次，还从来没有外人打过我。我父亲一生走来不容易，从小就自己到外面读书，然后在外面做事。我们本地传言说我父亲是在外面做官的，实际上也不是多大的官，是地方法院的推事法官，相当于现在的一个处级干部。国民党政府的任免分几等，你不一定知道吧？

傅 不知道，您说说？

高 国民党政府任免官员分四等，即特任、简任、荐任、委任。我父亲给我看过当时国民政府考试院发的资格证书，他属荐任职，是地方法院的推事，凡是地方法院的推事在"司法行政部"都是有档案记录的，那时的"司法行政部"相当于我们现在的司法部。我父亲在我小时候打我，是因我的弟弟高铭凯丢了一块银元，父亲怀疑是我拿的，气呼呼地就打了我一巴掌。当时我心想，父亲是司法官，也不弄清楚就打了我，这岂不是冤枉我吗？

傅 后来这件事也就没有下文了？

高 打了就打了，这件事早就不提了。我也不是有意提起，我对父亲还是比较尊敬的。但是这种事印象是很深刻的，你想忘都忘不了。

傅 除了被国民党军官打，还遇到过其他的事情吗？

高 其他的都是一些零散的见闻。比如，国民党腐败的新闻就慢慢披露出来了。国民党有一个大官，直接税局局长高秉坊当时被查有严重贪污行为，被判了死刑。还有就是伪法币不值钱了，改用金圆券，金圆券又一贬再贬，一算物价都得用麻袋装了。所以当时大家都想把钱币换成银元。杭州庆春街中间有一个什么桥，是换袁大头银元的市场。当时发薪水发的是金圆券，我发现我父亲有一箱子金圆券，实际上不值什么钱。

傅 发一次薪水就要扛一箱子金圆券回家？

高 怎么扛回的我不知道，但显然是不值钱了。后来一解放金圆券就作废了。当时经济上比较困难，像我父亲这样的公务人员的薪水是多少我不清楚，也就是够养家糊口而已。

傅 一个是热爱刑法，另一个在思想上开始对国民党有反感。

高 有反感有不满，不满逐渐越来越深，后来我就比较同情学生运动。我逐渐意识到，国民党腐败，肯定是要倒台的。后来国民党节节败退，很多国民党的官员南下广州了。我父亲当时是法官，也问过我怎么办。他是在犹豫，不是正式征求我的意见是去还是不去，他倾向于不去。我那时候已有立场了，认为杭州早晚要解放，我说不要去，意思是让他留下来。

（1949年暑假　杭州市青年干部学校）

傅 解放了，您的心情如何？

高 确实高兴，肯定是共产党领导的天下了，中国要变红颜色了。1949年的7月和8月是暑假，浙江大学校园里由杭州市委青年组织，当时叫杭州市委青年部，办了一个杭州市青年干部学校。这个干部学校用现在的话说就是一个思想改造学校,我就积极报名参加了,就在浙江大学校园里学习了两个月。这是我第一次接触到共产党的教育。讲课的人是当时的校长周力行,他是杭州市委青年部的部长,他来组织办的这个学校,他也确实讲过不少次课。上课的方式是作报告、讨论,报告是很好的,谭启龙来作过报告,还有一个是张登,后来的名字叫沙文汉,当时是浙江省委宣传部长。还有张劲夫也作过报告,他当时是浙江省委的秘书长,后来是中国科学院的副院长,他是老一代的革命家,也曾当过国务院副总理。这些老同志的报告,讲社会发展史,讲党的政策,讲一些我们知识分子的思想改造,也讲了中国革命与中国共产党这些内容。这些报告,从今天来讲,实际是思想政治教育。听了报告以后我们进行讨论。

傅 给您留下什么印象呢?

高 系统地学习了一些革命理论,不像普通高校的那种学习,而是有点改造思想的学法。谈认识、体会,讲革命道理,思想就有了进步。最重要的是,在这期间我参加了中国新民主主义青年团,入团的时间是1949年8月29日。

傅 那时候学校里入团的人多吗?

高 当时有一批,多少我不清楚。

傅 大部分学生都加入了吗？

高 对，后来改名为中国共产主义青年团，当时是叫中国新民主主义青年团。当时入团是有预备期的，当年叫候补期，如果顺利通过了，以后就是正式的团员。候补期是候补性的，后来入团就没有了。这是我进步的一个标志，我至少从思想上认识到，新民主主义青年团是党的助手、党的后备军。青年干部学校结业后，这些学员就分流了，一部分参加了工作。

傅 这个学校里的人去工作了？

高 对，这个学校实际上是临时性的。

傅 您的同学去工作了还是怎么回事？

高 结业以后同学们就分散了，有一些人参加工作了，有一些人回学校了。浙江大学的一些学生，大部分回学校了，也有参加工作的。1949年杭州解放不久就宣布浙江大学法学院要撤销，因为法学院撤销了，我在青年干部学校结业以后，摆在我面前是三个选择：去工作、留在浙江大学或者是转学。

(1949—1951年 转到北京大学继续就读)

傅 留在浙江大学是转别的系读吗？

高 对。我当时的想法是暂时不想工作，因为当时父亲要求我无论如何要读到大学毕业，毕业以后干什么我可以自己选择。我那时候如果去参加工作，我大学才学两年，大学学业就半途而废了。或是转系，我也考虑过是不是转到外语系，我又觉得不合适。我还是希望读法律，这是我中学的时候就下定决心要读的。

这里有一个插曲：杭州解放以后浙江大学法学院被撤销，我现在才知道，当时中央发布了一个废除国民党《六法全书》的决定，所以一些领导把法律系看成是培养旧法干部，为国民党的统治服务的。浙江大学没有撤销别的学院，唯独把法学院撤销了，显然是和这个有关。当时的省政府叫浙江省军管会，还没有正式成立人民政府，下面有一个文教部，给我们下达的这个决定。李浩培院长想不通，他觉得这个决定不合适。我们学生也有抵触情绪，感觉学业半途而废了。我那时候眼看就要进入三年级了。李浩培院长不愿意接受这个决定，打算和我们一些学生代表一起去反映情况。也许是因为我当时学习比较认真，给老师留下了好印象，和李浩培院长打交道就多一点。李浩培就找到我说：咱们能不能去反映一下，理由是法律总是要的，就是解放以后也不能没有法律呀，旧的法律不学了，新的法律、新的政策我们也是可以学的。觉得新中国那时候虽还没有成立，但是势必要成立，因为全国人民政治协商会议开过了，共同纲领也有了，我们知道新的法律肯定也是会有的。我们不学旧的，但要学新的，因此法学院也还是需要的。所以李浩培带着我们去了省军管会。当时军管会文教部的部长是后来当了北京市市委书记的林乎加同志，"文革"前他当过天津市市委书记。李浩培院长向他报告，反映了我们的情况，主题思想是说法学院还是应该办的，最好不要撤销，但是他们还是没有同意。

傅 当场就表示不同意是吗？

高 对，不赞成。他的意思是这个指示已经下了，不变。我们就无功而返了。这种情况下我选择继续读法律专业肯定是不行的，但我喜欢读法律不想转别的系，也不想立即参加工作。李浩培先生看我学习的愿望比较强烈，想继续学习法律，很同情我。他就给我出主意，说可以介绍我转学到北京大学去。李浩培先生介绍我去北京大学，是源于北京已是全国的政治中心，北京大学法律系主任费青是李浩培的同学。费青是费孝通的哥哥，他当时的名气比费孝通还大，也是留德的，和李浩培是东吴大学的同学。这实际属转学插班了。由于李浩培先生的介绍，费先生愿意接受我，我非常高兴。在浙江大学办了转学手续。那时候刚解放，还有大量国民党特务，路上很不太平，政府设了岗哨盘查往来行人，必须持通行证才能上路。浙江大学校委会同意我转学后,给我开了通行证,一片油印纸,上面写着"国立浙江大学学生旅行证明书",下面盖着大红校章,日期是 1949 年 9 月 16 日。这是我一生理想的通行证,用完之后还一直保留着。我拿到这个通行证和浙江大学给我的一些证明材料、学习成绩材料等一套转学的东西,再加

高铭暄先生从浙江大学转学到北京大学时的通行证

上李浩培先生的介绍信，离开了杭州。到北京大学报到时就见到了费青先生。他一看到李浩培的介绍信，跟我交谈了几句就让我留下来了，非常顺利。当时不像现在，大学的系主任是很有权的。

傅 在北京大学的学习和在浙江大学有什么不一样？

高 到北京以后从氛围来说变化较大。到北京以后第一件兴奋的事情是能够参加开国大典，这是值得自豪的。我是1949年9月才到北京，10月1日适逢开国大典，中华人民共和国宣告成立。我才来北京不到半个月，就作为北京大学学生参加了在天安门广场举行的庆典，亲自听到了伟大领袖毛主席洪亮的声音，这在当时来讲是最幸福的，有如天之骄子。北京大学现在也是排在高校第一位的，北京大学的学生是特别受重视的，参加各种庆典的时候，都是站在天安门广场比较重要的位置，这当然是上级安排的。我作为北京大学法律系的学生，被安排参加开国庆典，自然感到幸福。10月1日那天，我们很早就到了天安门，站的位置是相当于现在的人民大会堂东北角那个方位。当时的天安门广场不是现在的样子，没有现在这么大，当时那个地方还没有人民大会堂。人民大会堂是1958年建的，1949年时叫司法部街，最高人民法院、最高人民检察署都在这条南北街上。天安门广场当时东西两面都还有红墙相隔，我们站的位置正好是在司法部街的北端，靠在西面红墙外半米，离天安门城楼不算太远。

当时宣布开会程序的声音通过大喇叭我们听得很清楚，但天安门城楼上的人是看不清楚的。毛主席宣布"中华人民共和国中央人民政府成立了"，大家都热烈鼓掌欢呼。参加开国大典是我一生的荣幸，新中国成立了，我们作为群众的一分子接受中央领导人的检阅，感到无比的光荣，也无比的自豪，也留下了深刻的印象。从那时候起自己是新中国的公民了，这是一个大环境。第二个环境是北京大学民主的气氛，我一到北京大学（那时在沙滩），就看到校内的民主广场，逐渐知道北京大学的历史是很光荣的。过去也学过历史，知道"五四运动"中北京大学是主力，知道陈独秀、蔡元培，这些都使我感到北京大学的学术文化和民主气氛很浓厚，有革命传统、五四传统，强调民主、科学，因此接受这方面的教育就开始多起来了。

另外，北京大学的名教授太多了，特别是文科的。仅就法学院来说，有费青、王铁崖、楼邦彦、吴恩裕，吴先生后来搞了红学了，他们是政治系的，那时候都合并在一起。政治系也好，法律系也好，活动都是比较接近的。就北京大学法律系来说，当时复旦大学的张志让先生也来了，他时任最高人民法院副院长，是北京大学的兼职教授，教我们宪法。还有钱端升先生，当时也是政治系的教授，后来当了法学院的院长。还有著名刑法教授蔡枢衡，民法教授芮沐，这些当时都是名教授。所以到了北京大学以后感觉到这所学校历史积淀深厚。

傅 学习上在北京大学是不是学到的更多？

高 我对北京大学的图书馆喜爱极了，这里真是什么好书都有，我把闲暇时间几乎都消耗在这里。根据我的读书笔记统计，两年内大概看了一两百本书。

新中国成立后陆续开展一些运动，一个是土地改革，我参加了。在北京郊区叫南皋、黑桥的地方，属朝阳区。也就一个多月吧。当时我们跟着朝阳区区委的同志，参加的土改组大概有八九个人，组长是中共朝阳区区委的宣传部长王怀之。我当时管一个小的村，叫南皋村，黑桥是一个较大的村。土改结束后，大家按组织要求上交了总结报告。这份材料我至今还保留着。

抗美援朝我参加过宣传工作，当时因为抗美援朝是同仇敌忾，同学们几乎都报名参加志愿军，我也报了名。我报名的时候心里有点儿打鼓，也做了很久的思想斗争，心想一旦报名被批准就得去参军，大学就毕不了业了。后来个别同班同学如郝远泰报名被批准就参加了军事干部学校，我没有被批准，仍留在学校，所以便自觉地、积极地参加学校组织的一些抗美援朝宣传活动。

傅 一个班级多少人？

高 那时候的大学不像现在，招生人数不多，我们班才三十多人。

傅 您参加宣传工作，做了哪些工作？

高 抗美援朝要宣传到郊区，我去了顺义。我们在校团委的组织下也出了几期墙报，墙报名称叫《年青人》，宣传抗美援朝的内容。另外，顺便说说我当时在北京大学的一项社会工作，北京大学当时办了个校报《北大周刊》，一周出一期，我是该报编辑委员会的成员，编辑委员会成员是由校务委员会任命的。当时北京大学是由校务委员会管理的，校务委员会主任是汤用彤教授，后来高等教育部任命马寅初为北京大学校长。杨振声是中文系教授，被任命为《北大周刊》编辑委员会主任，也就是现在讲的主编，还有其他成员，如历史系的汪篯、田余庆等，这些人都是教师，只有我是学生。我的主要工作是校对，每一期周报出版以前我要到位于国会街的北京大学印刷厂，就是现在的新华社所在地去校对。

傅 他们为什么在这么多学生里选中您？

高 可能因为我喜欢写点文章。当时学校党委的宣传部长王孝庭是法学院的，是我的同班同学，对我很了解。他有

北京大学校务会关于聘任高铭暄等人担任
《北大周刊》编辑委员会委员的决定

时候约我写点稿子,《北大周刊》也是宣传阵地。

傅 您这位同学已经担任学校的宣传部长了?

高 他参加革命很早,1942年参加革命。我有两个同班同学比较有名,一个是王孝庭,一个是王学珍。王学珍后来在北京大学当过党委书记。王孝庭当时搞宣传工作,经常会找我做一些宣传工作。抗美援朝时期我写了北京大学的参军盛况,是报道性的,后来被编到抗美援朝的专辑小册子里了。当时我在《北大周刊》做编辑校对工作的同时，也喜欢写点文章，《北大周刊》也登过我好几篇文章。

镇压反革命是1951年开始的一项社会改革运动，我已在毕业班，被组织上选送到北京市公安局帮助搞预审工作，地点就在自新路北京监狱。因为是法律系的学生，就帮助公安局的同志做预审工作，帮助做点审问记录等工作。

傅 您当时是什么感觉？

高 感觉就是这也是本行工作，学习研究法律应当从事一些实务工作，应对公安工作有所了解。觉得公安局这些同志都比较能干，经验丰富，审讯反革命分子还是有一套的，不像以前想象得那么简单。觉得自己是毛头小伙子，不懂的东西太多了，应当努力学习。

傅 有什么特定的审讯方式吗？

高 我们审讯中没有刑讯逼供，一点儿也没有，是一个一个地问，审一个又一个，让他们自己反省，交代都做过哪些坏事。

傅 当时您编校报和这么多有名的老师在一起学到了什么，给您带来什么影响？

高 专业内容那时候也不是太多，当时刚刚解放，刚才说的"三大运动"，都是占用上课时间的。当时一些课，比如说学新民主主义论,实际上是政治课。业务课有宪法课,但是当时还没有"五四宪法",有时候介绍国外的,有时候讲我们的《中国人民政治协商会议共同纲领》这部临时宪法。刑法课也讲了一点,介绍一些比较基本的知识,蔡枢衡先生出了一本《刑法学》,他讲的也都是刑法的一些基础知识,没有太深入具体。因为新中国还没有刑法典,只有《中华人民共和国惩治反革命条例》等单行刑法。我在北京大学没有学到多少法律知识,1951年毕业前夕,学了一些条例,也学了1950年颁行的《中华人民共和国婚姻法》,都不是真正深入的法律理论和业务。这些名教授有时也作一些讲座,比如陶大镛,他主要讲东欧新民主主义经济。北京大学名教授多,记得哲学系的名教授有汤用彤、贺麟、郑昕等,西语系有朱光潜、闻家驷,历史系有邓广铭、郑天挺等,俄语系有曹靖华、刘泽荣等,还有东方语言系主任季羡林教授等,大家云集。我主要关注他们有什么讲座、讲什么。北京大学还请过陈毅同志(那时尚未授予元帅军衔)做报告,讲他的军旅生活,讲他革命的道理。还请过时任中央人民政府法制委员会主任的陈绍禹(王明)作过第一部婚姻法的起草工作报告。

傅 他是被打倒的。

高 他是第三次"左倾"路线的代表,新中国成立后他曾是中央人民政府法制委员会的主任,他讲婚姻法,是因为1950年《中华人民共和国婚姻法》是他主持起草的。

傅 他在法学方面也有造诣?

高 这点不太清楚。不过他口才很好的。北京大学请来做报告的大人物也不少,有几次请彭真同志做报告,时任中组部部长的安子文同志也来做过报告。我还听过丁玲、老舍等文学大家的报告。北京大学是由成立于1898年的京师大学堂发展而来的,学术气氛浓,大家名家多。至于法律业务学习的氛围当时相对来说还不是太浓厚,专业课比较少,我真正的业务学习是在中国人民大学。在北京大学主要是结合当时的运动,结合共同纲领等法律文件进行一些粗浅的学习。

傅 好像大多是政治教育?

高 严格讲是政治教育,也可以说是政法教育,政法讲的是治安形势这些内容。因北京大学当时还没有专门的法理教师,是请中国人民大学的何思敬教授来讲的。何思敬当时是中国人民大学的一级教授,他在延安时期曾随毛主席到重庆谈判,原来是中山大学的教授,后来参加了革命。他曾留学德国,对德文有很深的造诣,马克思的《哥达纲领批判》一书,还有马克思主义的一些文献,是他翻译成中文的。

傅 给您讲过课吗？

高 讲过，他是讲马克思主义法理的。

傅 您大学四年就这样度过了？

高 对。浙江大学两年，北京大学两年。

傅 收获大吗？

高 还行。在北京大学，在刑法专业课上没有多大收获，俄语课我喜欢，听一些讲座比较满意。当时是刚解放不久，更多的是学习革命道理，这方面产生了一些兴趣。

傅 在当时刚解放的态势下，全国的大学都是这样吧？

高 对，旧的国家机器被粉碎了，旧的法律被废除了，新的法科专业还没有建设起来，请的都是有关部门的一些领导同志来做报告，这种情况比较多。本校的法学教授，老教授不少，但是又不敢讲，原来是讲旧法，但旧法不能讲，新的东西知道的也不多，所以不能满足学生的要求。当时法律系提出的口号是"师生互助，教学相长"，强调大家对课程内容要多讨论，因为还没有成熟的法律理论知识。当时能讲的就是《中国人民政治协商会议共同纲领》，有临时宪法的作用。我学习期间真正接触到的与刑法有关的是《中华人民共和国惩治反革命条例》。所以要说当时专业学习有多大的收获，还真说不出来太多的东西。

傅 在北京大学学到的和刑法有关的是《中华人民共和国惩治反革命条例》,镇压反革命运动,还有当时的一些比较零散的指示、批复等?

高 大概就是这些。解放后第一届毕业生是1950届的,我当时是三年级。当时的毕业生是比较荣幸的,毕业的时候是比较受重视的,都是中央领导亲自来给我们做报告的。1950届学生当时毕业的时候,周总理把全北京的毕业生召集起来亲自向他们作报告,讲形势,讲国家当前的重要任务,讲这样的形势下,毕业生怎么走向工作岗位,尽力作贡献,为人民服务。还强调要服从分配,四海为家。给我们1951届作报告的是彭真同志,他是在北京工人体育场接见我们的。他讲的话基本上也是这些内容。他当时是北京市市委书记、中央政治局委员。当时给我们讲话的还有安子文同志,他是中央组织部部长。还有薄一波同志,他是华北局书记。

(1951年8月—1953年8月 在中国人民大学就读研究生)

傅 您毕业的时候分配工作了吗?

高 当时我们都表态,服从国家分配,组织了学习和讨论。恰巧在我那届毕业的时候,中国人民大学要从北京大学法律系招十名研究生,系里就通知我们了。一方面是挑选,一方面毕业生本人也可以直接报名。我是向法律系领导报的名。当时中国人民大学宣传的我们都很相信。我们知道中国人民大学请了大量的苏联专家，后来知道最多的时候请了 99 位苏联专家，校长是老革命家吴玉章。我们在北京大学时的业务学习，刚才讲过是不太系统也不太深入的，没有学到真正的业务知识，所以很向往能够到中国人民大学深造，系统学习一套新的法律理论知识。报名的人中，批准了十名同学保送到中国人民大学读研究生。当时保送也是纳入分配范围的。保送就是不需进行入学考试。1951 年 8 月份我们十个人到中国人民大学报到，被分到各个教研室就读。这十名同学除我之外还有吴家麟、叶孝信、连铜炯、寿康侯、王克衷、梁秀如、陈道同、董成美、庄家殷。

当时我没想到，这一步跨进中国人民大学的门，从此大半辈子时光，都留在了这里。

到了中国人民大学感觉和北京大学就截然不同了，中国人民大学是新型学校，讲的都是革命道理，领导我们的都是从革命根据地过来的老同志。法律系第一任系主任朱世英，现在还健在，年已过百，头脑仍很清晰。她 1936 年高中毕业就参加工作，是红军时期的老同志，1950 年就当了我们第一届的系主任，后来因为请苏联专家过来了，她毕竟是一个老同志，本身法律业务水平有限，不是教授，当时的职称也就是个讲师。所以后来请何思敬当法律系主任，他本身是教授，在去延安以前就是中山大学的教授。朱世英改任法律系副主任，兼刑法教研室主任。

我去中国人民大学报到的时候，先是见到刑法教研室秘书齐俊成同志，齐俊成引我去见朱世英主任，地点就在北京东城区铁狮子胡同一号。那个地方原来是北洋军阀统治时期段祺瑞的执政府，现在也是文物保护单位。我拿了北京大学的一套手续材料去报到，在朱世英的指导下做了刑法研究生。我是中国人民大学第二届研究生，第一届是1950年入学的，有马克昌、王作富、董鑫、周亨元等人。我是1951年入学的，同班的有王以真、张振藩、周柏森、刘志杰和陈启武等人。我们刚进来的时候是强调学习苏联，而且是系统地学。当时的口号、学校教学的指导思想是"理论与实际相结合，苏联经验与中国实际相联系"。学习苏联的经验，又结合本国的实际。当时学苏联也是我们全国的一个梦想。学校是这样，部委也是一样的，每个部委都有苏联顾问，比如司法部就配备有苏联专家，在政法口，当时就有苏达里可夫、贝可夫等几名专家。我刚去中国人民大学法律系刑法教研室的时候的苏联专家名叫贝斯特洛娃，是一个女的，是苏联斯维尔德洛夫斯克法学院的一名刑法教授。

中国人民大学的读书气氛也比较浓厚。我们当时有从苏联翻译过来的课本，也有这些专家的讲义、讲稿，学得比较系统，包括刑法总则、分则。刑法教研室先后有四位苏联专家，回去一位派来一位，先后四任。严格来讲，贝斯特洛娃是我们上一届的主要导师，到了我们这一届时她快要回国了，但还没动身。后来很快就来了一位列宁格勒大学（苏联解体后改名圣彼得堡大学）的刑法老师，名叫达玛亨，是我们这一届的主要导师，他给我们系统地讲授了苏联刑法。

傅 您研究的方向就是刑法吗？

高 就是刑法。刑法研究生归刑法教研室管。我们有课本，对着课本比较系统地学，老师系统地教，我们认真地学。研究生编成小组，我当时是 1951 级刑法研究生小组的组长。

傅 当时到北京大学招的只是刑法研究生吗？

高 不仅仅是刑法，还有其他法学学科，我们十个人被招来以后，被分配在不同的教研室当研究生。比如，吴家麟，他被分配到国家法教研室，"文革"后当了宁夏大学校长，是著名的宪法学家；连铜炯、寿康候被分配到国家与法理论教研室；梁秀如被分配到国家与法历史教研室，等等。

傅 您是自己想学刑法的？

高 是的,我的志愿是刑法,刑法教研室也正需要研究生,所以我就很自然地进入刑法教研室当研究生。

傅 您是刑法教研室的成员,主要接受达玛亨的系统讲授?

高 对,但他只讲了一年多,二年级后期又来了一位莫斯科大学的教师,名叫尼科拉耶夫。达玛亨是系统地讲,我学的课程他已讲得差不多了,尼科拉耶夫主要是补充性地讲,他给下一届研究生是系统地讲。尼科拉耶夫之后,又从莫斯科来了一位科尔金教授,他主要讲物证技术、刑事侦查学的课。刑法教研室的苏联专家前后有四位,这四位我都接触了,接触最多的是达玛亨。

傅 经过两年研究生学习,您是否对刑法真正有了了解?那时候是什么样的感觉?

高 刑法课程我原来是学过的。在浙江大学,李浩培先生教我刑法总则,蒋固节教授教我刑法分则,所以在浙江大学我就学过一遍刑法了。当然,那是民国时期的刑法,属于旧刑法。在北京大学,我上刑法课时已是新中国建立初期,那时刑法立法文件极少,刑法老师是蔡枢衡教授,他的口音很重,是江西人,加之他双耳失聪,不太好交流,他讲的我们听不明白,但知道他讲的还是他所著的《刑法学》一书的内容,因此听课也就不特别专心。

傅 收获不大?

高 是有点。所以到了中国人民大学后,我抱定的一个主意就是好好再学习,苏联的许多东西当时我国还没有,当时毛主席号召向苏联学习。苏联是老大哥,确实也派了很多专家,援助了中国的很多项目。当时就是这样系统地学习了苏联刑法。俄语课我也比较感兴趣。我在北京大学曾学了两年俄语,教我俄语课的是名家,一位是20世纪30年代经常和鲁迅通信的曹靖华教授,他教我们阅读;还有一位刘泽荣教授教我们语法。当时我学得比较认真。

傅 俄语学得比较好?

高 还可以吧。后来李绍鹏教授也教过我们。

傅 名家教的俄语。曹靖华很有名。

高 对,他翻译了很多俄罗斯小说,比如,卡达耶夫写的《我是劳动人民的儿子》。后来我到中国人民大学后又学了两年,有苏联专家教的,也有中国老师教的。

傅 您俄语比英语好吗?

高 这个就看怎么说了,俄语学习是从无到有,从不会到会。我学俄语最后达到的程度是一个小时能看七八页俄语书,看专业书比较方便。

傅 阅读很快?

高 阅读还行,但口语是不行的,当时学外语就是这个特点。我英语学的时间长,那时候小学没有英语课,英语是从初中一年级开始学,先后学了八年,初中三年、高中三年、大学两年,但就是开不了口,非常遗憾。

傅 那一代人学的都是"哑巴英语"。

高 不学口语,不学听力,看书行,听力、口语就差。现在的孩子学得快,初中毕业、高中毕业有一些人就可以对话了。

傅 我们初中、高中时外语口语也不行,口语是在大学硬学的。

高 有人说俄语难,我觉得俄语比英语好学一些,变性变格有规则,比较好记。1959年以后,中国和苏联关系不好了,学俄语的气氛慢慢又不行了。我也没有坚持下来。学习初期我能看俄语的刑法专著,当时还定了两份俄语法学杂志,翻译过几篇文章。恰恰在我学得最好的时候,吴玉章校长指示,在中国人民大学举行俄语竞赛。当时我研究生刚毕业,报名参加了竞赛,结果得了一等奖,奖金300元。当时的300元,比现在的3万元还要多,当时我每月工资才52元。

傅 在那时候的确是很多了。

高 那时候大对虾每斤才3元钱,300元可以买100斤大对虾,突然有这么多钱,真是令我有点眩晕。我的一位研究生同班同学要结婚,向我借钱,我借给他200元钱。我当时俄语是学得不错的,但缺点就是口语不好,只能看书。那次俄语竞赛也不考口语,完全是笔试。当时俄语受重视,除了听专家的课以外,自己还看了一些课外书,看了一些俄语书。对俄罗斯刑法,当时是叫苏联刑法或苏维埃刑法,我确是学了,后来也教过这门课。我们教学之初,刑法课还没有完全中国化,所以还开苏维埃刑法课。

傅 您研究生毕业就留在中国人民大学教书了?

高 我中国人民大学研究生毕业时成绩是全优。当时打的

高铭暄先生中国人民大学研究生毕业证书及成绩单

分不是百分制，是优良中劣，我学的课程在毕业证书上都有，成绩都是优。在研究生阶段，我是刑法教研室1951级刑法研究生小组的组长。中国人民大学1951级法学专业研究生的马列主义基础、政治经济学、中国革命史等公共课是共同上课，上大课，我是大班的班长。研究生毕业后，因教研室需要补充教师，我就被留下来了。

1953年暑假过后，我办好各种手续，正式脱离学生身份，成为中国人民大学法律系刑法教研室的一名教师。